「超」怖い話 癸《みずのと》

松村進吉／編著
深澤夜／共著

竹書房
怪談
文庫

※本書に登場する人物名は、様々な事情を考慮して全て仮名にしてあります。また、作中に登場する体験者の記憶と体験当時の世相を鑑み、極力当時の様相を再現するよう心がけています。現代においては若干耳慣れない言葉・表記が登場する場合がありますが、これらは差別・侮蔑を意図する考えに基づくものではありません。

ドローイング　担木目鱈

まえがき

夏の「超」怖い話、十干シリーズは本書で完結となる。

「甲」の刊行から十年も経ったとは未だに信じられない思いだが、これもひとえに読者諸賢、そして体験談をお寄せくださった皆さんのおかげである。心から御礼申し上げたい。


今年もまた、我々の常識を打ち崩そうとする不可解な話が沢山集まった。

人の世は全て物質的なものによって構築され、維持されているが、そこに暮らす我々は必ずしも物質だけを求めて暮らす訳ではない。

豊かな暮らしには精神的な充足が不可欠である。

——精神、と軽々しく記したものの、実のところこれは曖昧な言葉だろう。

刺激に対してスパークする、脳の電気信号のことだと割り切ってしまえば話は早い。

けれど、ことはそう簡単ではない。

人にはそれぞれの認識があり、意志があり、判断がある。これらが精神と呼ばれる。

脳の中から実際に、我々の肉体を操作している。

では、何のために？


その答えは、心のためだ。

人それぞれの感情が、日々精神の働いている動機であり、絶対に守らなければならない伴侶とも言える。この二つの存在が我々の根源であって、もし激しいショックを受けて心が壊れてしまうようなことがあったなら、精神の正常性も失われる。逆もまたしかり。

怪異を体験した者に対して、しばしば「頭がどうかしている」等といった暴言が吐かれることがあるが、私に言わせればそんな異常な体験をして「どうかしない訳がない」し、むしろ平気でいられる人のほうが少数派だろう。

一時的に正気を失った人がいたとして、それは正気を失ったから異常を見たのか、異常を見たから正気を失ったのか、俄《にわ》かには判別が付けられないのが本来ではないか。

何をもって「あり得る」「あり得ない」と言うのか。

まえがき

本書にはまさに、「あり得ない」話ばかりが収録されている。

時には物理的法則すら無視し、常識を破壊し、そこに拠《よ》って立つ我々の安寧を疑わせる。

しかもその全てが実話である。


もし、あなたが自分の心を守りたいと思うのなら――以下に記された体験談の数々を、ひと晩で読み切ったりはしないほうがいいだろう。

常識的な精神を持っていればいるほど、危険だ。

十年にも及んだ本シリーズの終わりを迎えるに至り――。


私は最早、この現実が疑わしい。

編著者

目次

繁茂

先島氏は、死体を発見したことがある。

今から十年少々前、古い市営住宅でのことだ。

「……まあ、ビビったよね。普段あんまり接点がない、大叔父に当たる爺さんだったんだけど」

年金生活の独居老人。

親戚達からはあまり好意的に思われておらず、例えば誰かの法事などがあっても、声を掛けられない人物だった。

「若い頃から面倒な人だったみたいで、一応それなりに大きい会社に勤めてたのに、友人とかは全然いなかったそうだ。親戚曰く、奥さんはまだ若い内に〈泣かせ過ぎて〉亡くしちゃったみたいだし。子供もいないし……」

孤独な暮らしをしていたようである。

辛うじて、彼の末の妹になる先島氏の大叔母だけは、折に触れて連絡を取ってくれていたらしい。誰からも見捨てられた兄を不憫に思っていたのだろう。

とは言え彼は口を開けば、誰それのやり方は間違っているだの、誰それは勉強が足りないだのと、身内を非難する話ばかり。

およそ楽しい話し相手ではない。

「だから大叔母は、あの爺さんの話を聞いてやったあとはぐったりしちゃってたようだよ。そんな奴ほっときゃいいのに、なんでだろうね。……昔の人間ていうのは、今より情が厚いのかね」

全く理解できない、という具合に先島氏は頭を振る。


——その日の朝、先島氏は電話の音に起こされた。

画面を見ると、午前五時半。大叔母からである。

こんな時間に、何かあったのかと驚いて取ってみると、今すぐ前述の大叔父の様子を見てきてくれ、とのこと。

何か、例えば電話中に倒れたりした様子があったのかと訊いてみたら、いや掛けても出ないのだという。

掛けて出ないのなら寝てるんだろう、そのうち折り返し掛かってくるよと言っても、いやいや今すぐ見てきてくれ、と決死の様子で訴える。

どうもおかしい。

見に行っても良いが、一体何があったのか説明してくれ、と彼が食い下がると――。

大叔母は、兄が沢山の人に首を絞められている夢を見たのだ、と言った。

「……まあ正直な話、ちょっと呆れたんだけども。夢だよ、夢。ひょっとして、おばさん認知症になりかかってんのかなぁと思いながら」

わかったわかったと返事をして、先島氏は渋々、大叔父の市営住宅に向かった。

彼の家から車で十五分。

到着する頃には空も白み始めていた。

さて訪ねていって、本人に何と言おうかと思いながらチャイムを鳴らしたが、出ない。

数分間鳴らしてみたが出ない。

ドアノブに手を伸ばすと、鍵は開いていた。

先島氏は、「おじさん、俺だけど。まだ寝てるか？」と声を掛けながらドアを開けた。

狭い廊下は真っ暗だったが、すう、と風が奥から流れてきて、どうやら突き当りにある部屋の窓が開いている。彼は仕方なく中に入った。


大叔父はちゃぶ台の前に横たわり、首に細いロープを何本も巻いて倒れていた。

ギョッとして近づくと、ロープに見えたものは所々に葉があり、何と蔦《つた》である。

それはベランダから、まるで触腕のようにひと束だけ室内に侵入している。

彼は慌てて大叔父の身体を揺すったが、両目は開いたまま。

一一九番に掛けながら半開きだった窓を開けると、蔦はベランダ一面に、足の踏み場もないほど黒々と生い茂っていた。


死因は心不全。その前夜、亡くなったばかりであったという。

ご挨拶

西山さんは昔から金縛りに遭いやすい体質だった。

一番古い記憶は、実に幼稚園生の頃まで遡るという。

「それはもう、めちゃめちゃ怖かったですよ。確かお昼寝の時間だったかな……。起き上がれた瞬間ギャン泣きで、そのまま、家に帰されましたもん」

小学校中学年くらいになると、これは一種の心霊現象であると認識するようになった。その場にいないはずの人の気配や、あるいは人影が、見えてしまったりもするからだ。

「私が年中そんなだから、両親も心配してしまって」

ひょっとしたら脳機能に問題があるのではないかと、幼いながら精密検査を受けさせられたりもした。横になっているが意識はあり、しかし身体は動かせない、という姿を何度も目の当たりにすると、その手の懸念を抱くのも無理はない——。

「でも、結果に異常は見当たらず。あんまり親を不安がらせるとよくないと思って、それからは金縛りに遭っても、一々報告したりはしなくなりました」

彼女自身、身動きの取れない状態が永遠に続く訳ではない、と理解したからでもある。

短ければ数十秒、長くても十分程度で金縛りは解ける。

大抵は恐怖を感じるし、同時におかしなものが出現したりすることもあるが、極論を言えばそれらは西山さんを「怖がらせてくるだけ」で、実害まではもたらさない。

「だから、もう慣れるしかないと思って。あーハイハイ、怖いです怖いです。わかりましたからもう帰ってください、って頭の中で言い続けてやり過ごすというか」

喩《たと》えるなら、それはクレーマーのようなものだと彼女は言う。

ただ一方的に不快な思いをさせられ、通り過ぎてゆくだけ。

つまりは忍耐勝負である。

——五、六年ほど前の初夏の頃のこと。

社会人になってまだ間もない彼女が、借りたばかりのマンションでくつろいでいると、数か月ぶりの金縛りに襲われた。

日曜日の真昼間。眩しいくらいの陽光が差し込む室内である。
「……んんん、んん……」
西山さんは丁度ベッドで寝そべっていて、右手にはスマホ。
一瞬だけ眠気を感じたのがマズかったのだろうか。
横向きの、左腕を下にした状態で、気が付けば身動きが取れなくなっていた。
「ハァ、ハァッ……。ん……」
何度か力んでみたが、駄目だ。解けない。
中途半端な恰好だから腕にも足にも力が入らない。
折角の休みだというのに、とんだ災難だ。
彼女は仕方なく抵抗を諦め、時間が過ぎるのを待つことにした。
ハァ～ッと溜め息をついて、目を閉じる。
すると、掃き出し窓のほうから声がした。

「――お邪魔します」

まるで仔猫が鳴くような、高くて細い、子供の声である。
瞬間、西山さんは物凄い寒気に襲われてまた全身を緊張させた。
マンション内の空気の色が、突然変わったような気がした、
すぐそこに、誰かいる。
自分と同じ部屋の中に。
物心付く前から金縛りに遭い、人間ではない存在に散々脅かされてきた彼女だったが、
こんなに鮮明な「声」を聞いたのは生まれて初めてのことだった。
明らかに生身の身体を持った、「何か」がいるとしか思えない。
「…………」
彼女は自分のスマホの画面が、ブルブル震え出すのを見た。
右手が震えている。鳥肌も立っている。
——怖い。
自分には、所謂《いわゆる》霊感があるのだと思っていた。
その辺の人よりも沢山の、その類《たぐい》の経験をしてきた、と。

だが誰かが身じろぎしているような気配や、人の頭に見える影などは、いずれも実体のない単なる「予感」の延長線上でしかなかったらしい。

今ここにいるのは、「本物」だった。

身動きが取れない自分からほんの二メートルと離れていない位置に、得体の知れない存在がいる。怯《おび》え過ぎて、息が苦しい。

「……フスッ、フス……。フウッ……。フウッ……」

どうしよう。どうしたら良いんだろう。

いや、しかしこれも所詮は一過性のもの。すぐに済む。

ほんの数十秒、あるいは数分、我慢していればどこかへ行く。

行く、筈《はず》だ――。


「お邪魔します」

念を押すように同じ声で繰り返され、恐怖が限界に達した西山さんは、喉の奥で悲鳴を上げた。同時に、残っていた僅《わず》かな冷静さも消し飛んだ。

動けるものなら全力でもがき回っていただろう。
「ン……!! ン……、ンンン……!!」
お願いします、お願いします、お願いします。
帰ってください、帰ってください、帰ってください。
私は何もしてない、何もしてないんです！ 何も悪くない！
神様助けて、助けて！ 本当にいるなら助けて！ 誰か助けて！
声にならない絶叫を何度も何度も繰り返し、彼女は祈った。
そして程なく、幸運にも——気が遠くなった。

※

「……ですからね、〈たかが金縛り〉みたいな言い方をする人、嫌いなんです私。あのときは時間の感覚もこれまでの経験も、全部スッ飛んじゃうくらい怖かったから」

意識を取り戻したときは既に夕方で、その晩は風呂に入るのも恐ろしかったし、暫《しばら》くは電気を点けたままで就寝していたという。

「あんなことがあってからは、少しでも嫌な予感がしたら起き上がって、何かするようにしてます。顔を洗ったり、ジュースを飲んだり……。次また出てきたりしたら、本当に、もう耐えられる自信がないから」

西山さんは今でも、年に一、二回は金縛りに遭っている。

そのたびに、到底、生きた心地がしないという。

断崖

「心霊スポットっていうか、所謂〝名所〟なんですけど」

平岡君らは、友人五人で連れ立って房総の海岸沿いの心霊スポットを訪れた。

正確にはそこを目指した訳でもなく、メインの目的地は別にあった。それが途中にそういう場所があると知って寄ることにしたのだ。

車でサッと流して、見て、すぐ移動するだけ。肝試しらしいこともしない。

「途中、一人、めっちゃ嫌がった奴がいたけど、まぁ、まだ明るかったし、『大丈夫だよ』って……」

目的地に着いたときは陽が傾き、大きな空の東のほうから夕闇が這い上がる時間帯。

眼下に太平洋の荒波が打ち付ける断崖絶壁だった。

「『おー！』とか言いましたけど。ま、なんてことない崖ですよ。命の電話の看板とか観て」

記念写真を撮ることにしたのだそうだ。

絶壁を背に四人が並んで、一番怖がっていた奴がスマホを構えた。

「したら、そいつ、『あれー逆光になるな？』なんて言って何枚か撮ってたんですけど、そのうち『あれ？』――って首傾げて、固まっちゃったんですよ」

撮影していた男はスマホを覗いたまま、押し黙る。

緊張したような、驚いたような、表情までその瞬間で固まっていた。

被写体四人のほうも、ずっとポーズを決めて固まっていたのだが。

「早くしろよって思うじゃないですか。で、『撮れた？』って言ったら『撮れた』っていうから、まぁいいかって見たんです、写真」

フォトロールには似たような逆光の失敗写真が数枚。

「俺ら、前で一人中腰になって、後ろ一人でガッツポーズ作って、〝チャリで来た〟のポーズしてたんですよ」

その最後の一枚を見て、平岡君は『何だこれ』と声を上げた。

「最後の一枚だけ、ポーズが変わってて」

着ているものは同じだ。平岡君ら四人に間違いない。背景も同じ夕焼け。

しかし――四人はほぼ横並びに近い隊列になって、全員が飛行機を真似たように両腕を水平に広げている。

身体はこっちを向いているのに頭部だけが強烈な逆光のようで、顔が真っ黒な写真だった。

「逆光ってか――首だけ後ろの、海のほうを向いてる、みたいな……」

それはまるで四人揃って崖から飛び立つような。

「……気持ち悪いじゃないですか、そんなの」


それから異変は始まった、と平岡君は考える。

信号待ちの間スマホを見て、ふと道の反対側を見ると――同じく信号待ちをしている親子があった。

母親と、二人の幼い兄弟。

その兄弟がこちらを見て、揃って両腕を飛行機のように広げて見せたのだ。

信号が変わって横断歩道を歩き出すと、すれ違うときにも二人は両手を広げて見せた。

二人は、平岡君の背後を見ていた。思わず振り返っても、自分の後ろには誰もいない。今すれ違ったばかりの兄弟が自分のほうを見ながら、母親に手を引かれて歩いてゆく。

更に別の日、彼は駅のホームで電車を待っていた。ドアの位置に並ぶ、その列の最前だったという。

『ホームから離れてください！　電車接近しています！』

厭にしつこく繰り返される駅員の警告が、彼の耳にも届いた。

平岡君はホームの際《きわ》からは充分な余裕を持って立ち、スマホに没頭していた。

『スマホ見てる人！』

思わずスマホから顔を上げる。周囲を見ても、怒鳴られるほどギリギリに立っている人間はいない。

平岡君の立ち位置も点字ブロックより内側だ。

そこへ駅員が直接、「ホームから離れてください！」と叫びながら走り込んできたが――。

駅員は平岡君を見て「？」と首を傾げ、そのまま何も言わずに引き返してしまった。

※

「……とにかく変なんですよ。あとなんか、部屋の中にいるのに、突風が吹くことあるんですよ。ダーッって。あと海クサい匂い」

――突風？

「俺は誰にも言わなかったけど、一緒に崖に行った奴は何か、霊能者みたいな人に見てもらったらしくて。したら『お前は遊び半分でよくない場所に行った。手遅れかもしれない』とか言われたって。無茶苦茶じゃないですか。俺ら別に、何も悪いことしてないし」

それはそうだ。彼らはただ、行って、写真を撮った。それだけ。

「いいじゃん、観光地なんだから。遊び半分で行くとこなんですよ。大体、そんなん言い出したら観光地で死ぬほうが百パー悪くないっすか？」

その霊能者はこうも言ったのだという。

「『遅らせられるかも』って」


『遅らせられるかも』――その言葉の意味はわからなかった。

しかし少しして、その意味を察するようなことが起きた。

夕方、アパートの自室でごろごろしていた平岡君は、ふと台所が暗くなるのに気付いた。

次いで、ザーッという音。

夕立かな、と窓を見ると、夕焼けで紫色の空は雲が多いが雨ではなさそうだ。

台所に行ってみると、外廊下に面した磨りガラスの向こうが真っ暗である。

玄関のドアを開けて外に出ると、台所の窓枠を外から格子状の防犯柵が押さえ込む形ではめ込まれている。その柵と窓の間に、目隠しするように板状のものが差し挟まれているのだ。

それは裏面がサビた金属板だ。

悪戯だろう。しかし誰がこんなこと——と、平岡君が引き抜いたところ、思わず「うわっ」と落としてしまった。

〝いのちの電話・相談室　一人で悩まないで、話してください〟

※

その看板を見て、彼は硬直してしまったという。

だがすぐに『隠さないと』と頭を切り替えた。一抱えもある金属板でやたら人目に付き、投げ捨てる訳にもいかない。

どうすべきか数秒悩んだ後、彼はそれを拾い上げ——部屋に引き込んでしまった。

「だって、さすがにそのままって訳にいかないでしょ。捨てるにしても剥き出しのままって訳にはいかないし」

彼は部屋に命の看板を置き、向き合った。

なぜそうしたのかはわからない。

こんなことをするのは一緒にいた他の四人の中の誰かに違いない。趣味の悪い悪戯だ。でも誰が？

そのとき、また突風が部屋を吹き抜けて、潮の匂いがした。

それでふと悟ったのである。『遅らせられるかも』という言葉の意味だ。

「——来てるんですよ。あの崖が」

断崖絶壁から何かが来るのではない。

断崖絶壁そのものが、すぐ足元にまで迫ってる気がした。

「そしたら、誰か耳元で『早くしろってこと』って言ったんです。振り向いたけど、部屋には俺しかいないし——でも確かに」

女の声だったという。

帰路

半田さんの少年時代の話。

この日は夕方まで係の仕事があり、彼は帰り道に一人だった。いつも友人との下校路はあっという間で短すぎる程だったが、一人で帰ると長すぎる。

彼は、学校近くで拾った棒を眺めるうち、思い立ってその棒で道を選ぶことにした。曲がり角にきたら、どの方向に進むか棒倒しで決める。これを繰り返して家まで帰れるかどうか、試してみたくなったのだ。

最初のうち、順調に家に近づいていた彼だったが、上手くいかないもので段々と方向がずれたり戻ったりを繰り返す。

周りを見渡すと家からも学校からも随分離れてしまったが、まだ見覚えのある道である。

なぜその場所に見覚えがあるのか、そのとき彼は気付くこともない。

ただ少し焦りもあったのか、今度は少しルールを修正して、棒倒しで決めた方向に十歩進むことにした。

幸い大きな道路を渡り切ってしまったあとで、交通量も少なく入り組んだ土地に入ったのだ。

また棒を倒し、カラン、北へ十歩。カラン、今度は北東へ十歩。

そうするうちに、見知らぬ場所に来てしまった。

顔を上げると、道沿いに全体がぐにゃりと曲がったような古い家があった。

表札はなく、玄関も荒れ放題。誰も住んでいなそうである。

既に周囲の家々には電灯が灯る時間だった。

彼は不気味に思い、そこでこの無為な遊びをやめて真っ直ぐ家に帰ることにした。

※

それから暫くして、再び彼は一人で下校することがあった。

また棒を拾って、それで方角を選んで家に帰れるか試してみることにしたのだ。

前回は駄目だったからそのリベンジのつもりだ。

今度は出だしからまるで逆方向。

しかしどういう訳か、途中から段々と調子が上がってきて——彼は吸い寄せられるように前と同じ、廃屋の前に立っていた。


そのうち習うことであるが、この方法で家に帰れる可能性はかなり低い。

現実的な帰宅時間を条件にすれば、棒を倒すたびに恐ろしいスピードで確率は低下し、すぐ天文学的に低い確率になってしまう。

だがそれと同様、たまたま同じ家に辿り着く可能性も低かった。

経験的にそれを悟ったものか——彼は、恐ろしくなって家にとって帰した。

そこで気付いたことがある。

実はこの棒倒しで家に帰るゲームは、彼が始めたことではない。

以前、たまたま帰りが一緒になった別のクラスの、見覚えのない子が始めたことである。

それと似たようなルートなのだ。そのときは、車通りのある大きな道路を渡る辺りで、一緒に帰っていた女子が『もうやめよう』と泣き出したのでそこまでだった。

だがもし、あのまま続けていたらあの入り組んだ土地に迷い込んで、あの廃屋に辿り着いていたのではないか？

そう考えて彼は怖いと同時に、是非試してみたくなった。

※

三度目、いや四度目の機会は程なく訪れた。

居残りになった帰りだ。居残りの途中から、彼は『そうだ、あれを試そう』と思い立って、早く帰りたくなっていた。

居残り仲間は家が別々の方向であったため、やや心細くはあるが彼はまた一人になる。

棒を拾って倒す。カラン。次の角でまたカラン――。

大きな道路に出た。

今度は別の方向から、カラン――道路を渡って、カラン――。

道程は行きつ戻りつし大回りになったが、やはりあの廃屋へ近づいている。彼は何となくその自信があり、周囲が全く見知らぬ、どことも知れない景色になっても、幹線道路の車の音が遠のいても平気だった。

やがて。

あの家の前にきた。

いつもならここで引き返していた。しかし彼は、ふと疑問に思ったのだ。

このボロ家に導かれるように錯覚していたが、それはいつもここまででやめていたからなのではないか?

彼は、棒を倒した。

カラン。

棒は、家の玄関を指すのではないか、と彼は予感した。

しかし予想に反して、棒はまた別の方向、道の先を示した。

何となく腑に落ちないものを抱えつつ、彼は棒の示す方向へ十歩。その先で、カラン。

廃屋を回り込む道だ。

道は、その裏手へ彼を導く。

カラン。十歩。カラン。十歩……。

二階建てアパートと、さっきのあばら家の間の、真っ暗な細い私道があった。

カラン。

棒はその私道の奥を示す。

だがここで、彼は足を止めた。

ある種、異様な光景を目にしたからだ。

その私道の入り口に、棒が何本も何本も放り投げられたように散らばっていた。

長さといい太さといい、半田君が学校の傍で拾ったのと似たようなものである。

それは、通りすがりの人が見たならやや目を引きこそすれ、何とも思わなかったことだろう。しかし彼や、彼と同じ方法でそこに辿り着いた者だけが、その奇妙さを理解する。

今度こそ、彼は真っ直ぐ家にとって帰した。

二度と同じことを試さなかったという。

プライバシーの侵害

桐野さんが高校生の頃、家でちょっとした騒動があった。

「風呂場が覗かれてる、って言い出したんですよ。お母さんでも妹でもなく、お父さんが」

一家四人が暮らしていた建売住宅は、そっくり同じ外観の家がずらりと並ぶ住宅地の中。それぞれ間取りは違ったりもしたようだが、基本的には同じ構造で、特に水回りの位置は共通している。つまり、どの家も同じ方角にトイレや風呂場の窓がある。

「その、お風呂の窓が。入ったときは閉めてあったのに、身体を洗い終えてからふと見たら、隙間が開いてたって……」

桐野さんと妹さんはそれを聞くなり、イヤだ怖い、と顔をしかめたのだが、お母さんは怪訝《けげん》な表情になったらしい。

それと言うのも、お父さんは風呂に入れば必ず大きな咳払いをしたり、手鼻をかんだりと騒がしい音を立てる。誰がどう聞いても、男の人が入っているのだとわかる。

「だから、もし本当に覗かれたんだとしたら、犯人はお父さんを覗くつもりで開けたってことになるじゃないって言うんですね。……なるほど確かにと思いました」

いいや、犯人の意図はわからないにせよ窓を開けられたのは事実である。ひょっとしたら近所の誰かかもしれない。バスタオル一枚姿の彼はそう言って鼻息を荒らげたが、お母さんは肩をすくめるばかり。

どうせ閉めてあったと思い込んでいるだけで、本当は開けっぱなしだったのだろうという結論になり、そのときの話は終わった。


数週間後の夕方、今度は「……郵便ポストが開いてた。誰か開けたか？」と険しい表情。帰宅時にふと目をやると、空っぽのポストの蓋が開けっぱなしだったという。

うーん、と首を傾げるお母さん。

「さあ、閉めたと思うんだけど。掛かりが甘かったのかな」

「ひょっとしたら、何か届いてたけど盗まれたんじゃないか……？　インターホンに配達の録画は残ってないか？」

「そんなのないわよ。ピンポン鳴らさなきゃ録画はされないんだから」

「そうか……。じゃあ、防犯カメラを買うか……」

「えぇ？　ただの気のせいでしょ、大げさよ」

「大げさでも良い。年頃の娘達もいるんだぞ、万が一に備えるのが防犯ってもんだろ」

――何か変だな、と桐野さんは思った。

妙に神経質になっている気がする。

そういう、不安になるようなニュースでも見たのだろうか。

「……お前達、もし家の近くで変な人を見かけたら、すぐに言いなさい。外出するときは気を付けるんだぞ」

お父さんは桐野さん姉妹に真剣な顔で言う。

二人は一応頷き、それから互いに顔を見合わせて、小さく首を傾げた。

暫くして、お父さんが近所の人と口論をしている現場に彼女は出くわした。

ビックリして素早く通り過ぎ、そのまま自宅に帰ったのだが「うちをこっそり見ている」「いいや見ていない」といった押し問答をしていたようだった。

その後帰ってきたお父さんは、ブツブツ独り言をいいながら、敷地内に設置した防犯カメラと、センサーライトの角度を直していた。

桐野さんは、少し怖くなった。

「……お母さん、何かお父さん変じゃない？　どうかしたのかな？」

「多分、仕事で疲れてるんじゃないかしら。そっとしておいたほうがいいわ」

「でも何か……、普通じゃない感じだよ。顔も怖いし」

「……うん」

様子がおかしいということは、勿論お母さんにもわかっているようだった。

しかし迂闊《うかつ》に神経を逆撫ですると、余計に頑《かたく》なになりかねない。

どうしたものかと彼女らが悩んでいるうち、事件は起きた。


「――映ってた。おい、見ろ。犯人が映ってた」

ある日の夕食後、お父さんがノートパソコンを持ってリビングに入って来た。

真剣な表情でそのモニターを家族に向ける。

テレビを見ていたお母さんは困った顔になり、チラッと桐野さんのほうを見た。

「犯人って、何の？　……前に言ってた覗き？」

「全部だ。うちの周りをうろついて、プライバシーを侵害してる犯人だよ。畜生、案の定だったな。これは、昨日の夜中の映像だ」

お父さんは興奮した様子で、動画ファイルを再生する。

画質の粗いモノクロ画面。

映っているのは屋外、家の玄関ポーチ。

そこにフレームインして来た、女の姿。

右、左、と何かを探すように顔を振ってから、立ち去った。

ゾッとして、桐野さんは口元を押さえた。

お母さんも妹さんも、言葉を失っている。

「……怖い。誰これ」

「だから、これが犯人。今から警察に相談してくる」

「えっ、今から？」

お父さんはノートパソコンを片手に、すぐに家から出て行った。

しかし、この件は解決には至らなかった。

数時間後、お父さんは厳《いか》めしい顔で帰って来て、碌に説明もせずに寝てしまった。

翌日になって「駄目だった」とだけ言い、一向に詳しい話をしない。

何のつもりか、据えてあった防犯カメラも撤去してしまった。

業を煮やしたお母さんが「きちんと説明してくれないと安心できないでしょ」と怒り、ようやく、お父さんはお母さんにだけ経緯を語ったという。

桐野さん姉妹は大人になるまで、このとき何があったのかを教えてもらっていなかった。

詳しい話が聞けたのは、つい数年前である。

「――私達は、一回しかその動画を見てませんし。とにかく人が映ってることにビックリしてしまって、そんな細かくはわからなかったんですけど」

交番で、お父さんが何度かその映像を再生して見せていると。

後ろから覗き込んでいたあるお巡りさんが、小さな声で。

「この人、腰から下がないですね、って……。それでもう、おしまいです」

それから後も、しばしば勝手に台所の窓が開いていたり、干してあった洗濯物のうちお父さんの服だけが全部地面に落ちていたりという、ただの偶然なのか何なのかわからない出来事は続いたようだが、逆に言えばそれ以上の被害はなかった。

彼女のご両親は、今もその家で暮らしている。

動画ファイルが入ったノートパソコンは、既に捨ててしまったそうである。

夕焼けに立つ

乾《いぬい》さんの近所の公園で首吊り死体が見つかったことがある。

「ホームレスとかじゃなかったみたいなんですけど。何か凄い遠くから来て、わざわざジャングルジムの中でロープを渡して吊ったみたいで」

ジャングルジムは鉄パイプを組み合わせて家のようにしたオーソドックスな遊具だったが、数は減り続け当時既に珍しくなっていた。

その頃乾さんの長女もまだ小さく、ママ友らとは『子供の遊び場で……』と絶句した。

「しかもね、それだけじゃなくて、近所のママが現場を見ちゃったって言ってて――」

仮に源《みなもと》さんとする。源家は公園にほど近く、乾さんも買い物の際には必ずそこを通る。

ママ友である源さんが夕方に買い物に出たとき、パトカーと救急車が走ってきたところだった。何気なく公園を覗いて、男の首吊り死体を見てしまった訳だ。

「時間も時間でしょう？　まだ子供達が遊んでるかもしれない時間じゃない？　それなのに首吊りだなんて。スーツ姿の、サラリーマン風の男だったらしいんだけど」

そんなことがあってからママ友たちはなるべくその公園を避けるようになった。

※

暫くして、現場を目撃した源さんが妙なことを話しているのを耳にした。

未だにあの公園の前を通るとき、首を吊っている男がいるのだという。

気の毒に、よほどショックだったのだろう……皆はそう源さんを気遣ったのだが、詳しく訊くとどうも様子が違うようなのだ。

源さんの話すスーツ姿の男は、ジャングルジムの天辺に引っ掛けたロープを首に回し、首を吊っている。その場合、身体はジャングルジム内部にあるはずなのだが、身体全体が外へ向かって浮いているというのだ。足先は真っ直ぐ天頂を向き、身体全体は格子を逃れて空へ——。

それが真っ赤な夕焼け空をバックに、浮いている。

精神的に参っちゃってるんじゃない？　と誰も面と向かっては言えなかったけれど。

それだけではない。源さんはそのうち、生前の男の姿を見たとも話すようになった。男の死体を見つけた前日のことだったらしい。

しかも男は一人ではなく、一回り年上の中年女性と一緒に近所を歩いていたという。女のほうは今時まず見かけないようなピンク色のスーツを着て、例の男と肩を並べ、何やらスマホやメモ帳を覗き込んでいた。

その様子は源さんだけでなく、一緒に居た別のママ友Aさんも同時に目撃している。

「凄く印象に残ってる〜。まるでカラオケの後ろに流れている映像みたいだったから」と追認しつつも、Aさんは首吊り現場を見た訳ではないから「あの男性が首吊りした人と同じかはわからないけど」と話す。

二人は旅行カートも引いていたという。それらを聞く限りでは、明らかに二人は一緒に何かを調べながら歩いていた。

おそらくは人違いだろうと乾さんらは頷き合った。そうでなくとも単に道を尋ねていただけだろう、と。もしその男女が知り合いで、揃って遠方から来たのなら、男のほうだけがここで首を吊った意味がわからない。

「何となく、心中――に失敗したのかな、って噂もしましたよ」

そのほうがママ友は好きそうではある。

しかしそのうちに話は更に妙な塩梅《あんばい》になってきた。

「源さんのお子さんが、当時五歳の女の子で、その子が知らないおばさんに声かけられたって言い出して」

※

既に男の自殺から一週間程が過ぎていた。

乾さんは公園には近づかないようにしていたが、源さんの家は公園がずっと近い。

源家の五歳の娘さんも、別に一人でフラフラしていた訳ではない。玄関と門までの間で遊んでいたところ、門扉の外から見知らぬ女が、『ごめんください』とその子を呼んだのだという。

女はピンク色のスーツで片手に黒い手帳を持ち、話しかけてきた――。

「『この辺に〝入り口〟があるの、知らない？』って」

〝入り口〟はどこかと女は訊いた。

少女は、玄関と門扉の間にいた。幼な心にも、なぜそんなことを訊くのかと訝しんだだろう。入り口ならすぐ後ろにあるのだ。

「その子は、自分のすぐ後ろを指差して、そこって答えたらしいんです。そしたら『お家の人は？』って聞かれて、でもそれにはなぜか咄嗟《とっさ》にいないって嘘言っちゃったそうなの。おばさんは『じゃあまた来るね』って……」

どことなく不気味な会話だと乾さんは思った。

会話が成立しているようで、どこかが噛み合っていない。

「源さんはそれを聞いて、『まだ死にきれなかった片割れがふらついてるみたい。乾さんも気を付けて』って」

※

そんな話をした翌日から、源家には警察が出入りするのが度々目撃されるようになった。

源さんが、死んだ男と一緒にいた中年女を目撃した件を聞きつけたのだろう。もしかすると、源家を訪れた不審人物の件かもしれなかった。

ところがどういう訳か、警察は乾さんのところにもきた。

「——源さんって人ご存じですよね。あの奥さん、どういう人なんです?」

どうって——? と乾さんは絶句する。普通の奥さんで、良い人だと話したが、刑事は「ふむふむ」と頷き、どことなく心の籠もらない相槌を繰り返す。

まるで『そんな話が聞きたいんじゃない』と言わんばかりだったが、刑事らはそれだけで一礼を述べて去った。

見ず知らずの男が近所で自死した。知り合いらしき女がうろついている。

そのことで、何か日常がほんの少し、しかし致命的に変質してしまったような気がした。


それから暫く経って、お盆になった頃。

源家が全焼した。

火元は不明である。

ただ幸いなことに、源一家は全員ご主人の実家に帰省しており、人的な被害は免《まぬか》れた。

それでも無人だったこと、出火が深夜だったこともあり、通報が遅れ、家屋は完全に燃え落ちてしまった。

乾さんの見たところ、源家は新しくしっかりした造りのものだったというが——あとには真っ黒に煤《すす》けた鉄骨の骨組みが残っただけ。時代錯誤なほどの燃え方に、彼女はショックを受けた。

源家は、丁寧に近所を回って迷惑を詫び、別れを惜しんで引っ越していった。

乾さんはほんの少しホッとしたそうである。不謹慎を咎《とが》めることはできない。ようやく、乾さんは騒動が収まったと実感できたのだ。事情をよく知らない人達はもう公園で子供を遊ばせていたし、それを目にした乾さんのお子さんも我慢できなくなっていた。

この頃の彼女は、公園どころか源家の前を通ることも避けていた。

源一家が引っ越していってから数日。

台風が去ったある日の午後、子供を連れて家路を急いでいた乾さんは、つい油断して源家の前を通ってしまった。普段はなるべく別の道を選んでいたのだが、その道を通ったほうが確実に近い。

その日は台風が夏の残りを連れてきたような酷暑で、その陽ももう落ちている。

源家は放置されていた。

灼熱で真っ黒になった塀と門、一階の一部のみがビニールシートで囲われていたが、それも風が剥がしてしまっていた。

急速に迫りくる夕闇の濃紺と真っ赤な夕焼けに挟まれたごく短い金色の時間——マジックアワー。

子供が「あっ」と、源家の焼け跡を見上げ、指差した。

「誰かいるよ」

思わず乾さんも見上げると、そこに不可解な光景があった。

二階の、真っ黒に焼けた鉄骨のフレームから何かが空へ向けて、下からの風に吹き上げられる鯉幟《こいのぼり》のようなものが見えたのだ。

よく見ればそれは、スーツを着た女であった。

紐の片側を二階天井桟《さん》のような鉄骨に結び、反対側は空のほうに伸びて女の首に巻き付いている。

膝丈のスカートから力なく伸びた足先のハイヒールが天頂を目指すように上に向かっており、全身は丁度逆様に——。

乾さんは、咄嗟に我が子の視界を覆い、その場から走って立ち去った。

※

「――別に、あの焼け跡で女性が見つかったとか、そういう話は全然ないんですよ」

ならば、夕焼けの中で乾さんが見たものは何だったのだろう。

暗い、濃紺と橙《だいだい》のグラデーションの中に浮かんだその人影のスーツが、ピンク色かどうかまではわからなかった。

「きっと、何かの見間違いだと思います。源さんから、似たような話を聞いていたせいで」

それが一番合理的な解釈だろう。そもそも誰であれ、首を吊ったまま身体が天頂に向かって浮かび上がってしまうなど、普通では考えられない。

「でもこうも思うんです。あの人達が捜していた〝入り口〟っていうのが――その」

焼け跡は更地になり、今も空き地のままだという。

建前

建前《たてまえ》とは上棟式《じょうとうしき》の一つだ。地方によって棟上《むねあ》げなどとも呼ばれる。家を建築する途中、主要な柱と横木が組まれて家の輪郭ができる頃に行う神事である。

「地元でも最近はないですよ。家なんてもう新築しないからかな」

橋田君が最後に立ち会ったのももう二十年以上前。地元の歴史ある家、倉本家の増築のときだ。

建前では、最後に近隣を集めて家主が建物の梁《はり》の上から餅などをバーッと撒く。上から撒かれるものは丸餅や駄菓子、小銭まで。参列者らは、ワァーッとそれを拾う訳だ。娯楽の限られた農村にとって、祭りや庚申講《こうしんこう》に並ぶ催しものと言える。

当時橋田さんは中学生で、お菓子や小銭に釣られる年齢でもなかったが、祖父の「もう次いつ見られるかわからんから」との声に押された。

「その頃、そんな景気よくやるのも珍しくて。俺が大人になる頃にはもう限界集落だろうなって気は薄々してたし、祖父ちゃんと行けるのも多分最後かもって思って」

彼も参加した。

※

後で知ることだが、倉本家の増築に至っては事情があったらしい。

東京に出ていた長男が嫁を貰って帰郷するに当たり、新居が必要だった。新しい家をどこに建てるか散々揉めたが、奥さんが身籠ったため急遽建設地が決まった。

そこは古くからの倉本の土地ではあったが、長らく放置されていた土地だ。

いざ工事が始まると、小さな祠が出た。石仏や、古い墓石のようなものも。

老人らは再考を申し出たのだが、倉本の老いた先代当主は聞き入れなかった。結局反対を押し切って基礎工事を始め、骨組みができる運びとなった。

この段階で建前である。

ところがそれも一度は延期になった。当初、二月に予定されていた建前は、直前にボヤ騒ぎがあって建築中の柱の一部が燃えてしまった。

白昼の不審火であり、現場に居合わせた倉本の先代当主が慌てて火を消そうとし、大やけどを負う事故となった。

命の危険があるほどではないとされたが、合併症があったのか――この事故以来すっかり勢いをなくした先代は塞ぎ込むようになり、間もなく逝去した。

突然の訃報から三か月ほど。五月の連休に、上棟式が行われることになった。

悲劇から間もない。神事とはいえ、しめやかに行ってはどうかといった声も当然あったはずだが、倉本新当主のお披露目も兼ねて予定通り行われることになったようだ。

近頃は盛大に建前を行う機会は減ったし、これからも減り続ける。

色々あったが、地域住民には前向きに受け入れられた。


当日、神主が祝詞《のりと》を上げ、一連の式次第が粗方終わる。

いよいよ餅撒きが始まったのは夕刻のことだ。

当主らは骨組みに足場を渡しただけの二階に立って、詰めかけた近隣住民を見下ろす。

橋田少年は、少し離れたところからそれを見上げていた。

「ソーレ」と掛け声とともに、両手一杯の餅が撒かれた。餅やらお菓子の小袋が地面に転がると、人々がわぁっ、とそれに群がる。儀式は恙《つつが》なく進んだ。

子供はスナックを拾って満足しているし、大人達は丸い紅白の餅を抱えている。縁起物だからこれでよいのだが、橋田少年の年頃には少しあさましく見えるものだ。

このとき、彼がふと見上げると、餅を撒く当主の後ろに妙な人影があるのに気付いた。真っ黒に煤けた、布のようなものがこんもりと盛り上がっている。その布下に、小脇に抱えるほどの大きさの、目の細かい竹籠が見えた。

それが僅かに目を逸らした隙にいなくなってしまった。

(あれ？　今、あそこに人がいたような)

居なくなって初めて、それが人だったと気付く。後ろから縁起物の補充に来た人かと思ったが、それにしては手際が良すぎる。なぜなら、足場や紅白幕の目隠しがあるとはいえ骨組みであるので、下から見て上の人の動きは丸見えになるのだ。

餅撒きは続き、佳境になった。

白い紙に織り込まれた小銭がばら撒かれる。橋田君もこれを拾いに近づいた。こっそり確認したところ中身は五円玉ばかりだった。

そこで再び顔を上げると、当主の背後にまた煤けた布の人物が控えていた。

周りを見る。誰もそれに気付いていないのか、それとも橋田君が知らないだけで、これは普通のことなのだろうか？

しかし橋田君の傍にいた年少の子供達数名は、ハッとしたように二階を指差し、

「誰かいるよ」

と声を上げた。

布をすっぽりと全身に被った人物は、同じ布の下に控えた竹籠に手を突っ込み、そこから何かを、撒いた。

わぁわぁ、と大人達はそれにも群がり——地面に落ちたそれを見てハタと足を止める。

何人かは既にそれを拾い、抓《つま》みあげていた。そして声には出さないが、首を捻る。

それは、和紙を紙縒《こよ》り状に捻って、ぐにゃりと大きく曲げた見たこともないものだった。

何かの記号？——と、橋田君は感じた。

頭上では更にもう一度——布の人物が奇妙な物体を手掴みし、放る。

その瞬間、その人物の腕が見えた。

老人だ。その腕は細り、色がなく、爛《ただ》れていた。

「あっ、あれって死神？」と、子供が呟いた。

重ねて撒かれた正体不明の紙縒りが、茫然とする人々の頭上に振り注ぐ。

頭上では、新当主が振り向いて驚き――バランスを崩して二階から転落した。

詰めかけた人々が声を上げて倉本当主の救助に向かう。その頭上には、大布を被った人影はもういなかった。

※

「幸い、大きな怪我はなかったみたい。軽い打撲くらい？」

子供の目には死神に見えたそれも、当主の命を奪いにきたのではなかったか。

建前の儀式に現れた煤けた布の下の老人が何者かは、皆それとなく知りつつも正体を語りたがらない。

しかし、その人物が巻き散らし、人々に降り注いだ謎の紙縒りが一体なんなのか――こちらは見当も付かなかった。幾つか中を開いて改めたが、所々赤黒く汚れ、黄色く変色したような斑模様の紙でしかない。

特筆すべき点は、それらを放っておくと湿気か何かで少しずつ変形して、生き物の腸や、鳥の足のような形に変形したことだ。螺旋状に撒きあがって、蛇そっくりになったものものある。それはまるで象形文字のようだった。橋田君が記号と思ったのも、あながち間違いではないのかもしれない。

一方の撒かれた丸餅は、やたらに硬くなっていたが残さず食べた。

縁起物は、後には何も残らない。餅も菓子も食べてしまえば終わりだし、小銭も財布に入れればもう他の金と同じだ。

橋田君が拾ったあの謎の紙縒り群だけは残った。

不気味には思えど、祖父との思い出として形が残っているものはこれだけ。彼にはそれが捨てられなかったが、結局は祖父に見つかり処分されてしまった。そのとき、祖父は酷く狼狽《うろた》えていたという。

橋田君の祖父は、それから三年ほどで亡くなった。

その頃、倉本家の生まれたばかりの赤子について噂が流れていた。背中や尻に何かを貼り付けたような黒い痣があるというのだ。都会から来た母親はノイローゼ気味であるらしい、虐待ではないか、とも憶測があった。

後日聞いたところによると、言い伝えではこの土地では一面に蒲《がま》が植生する野原があったそうだ。蒲は薬効があり、有名な蝦蟇《がま》の油も、蛙でなく蒲の穂から取れる花粉が主成分だとする説もある。

倉本家の先祖は、昔からこれと黒鉛で膏薬《こうやく》を作っていた。傷や火傷によく効いたのだそうだ。これは膏薬であるので、和紙に伸ばして患部に貼り付けた。かつて大火の際、大勢運び込まれた犠牲者にそれを貼った伝説もある。

しかしそれは言い伝えにあるような遠い昔の話であって、もう膏薬は作られていないし、使われてもいない。

建前の前に亡くなった倉本家の先代はまだ六十手前で、火事の怪我も命に係わるようなものではなかったはずだ。

大昔の薬に似たものが現代の人々の頭上に撒かれた――その意味を知る人はもういない。

ただ一つ幸いなことに、倉本家の孫に現れた痣は、後日一つ残らず消えたそうだ。

懐かしい家

香坂君は三十代の独身者だが、一昨年、一軒家へ引っ越した。

「もう十年ぐらいほったらかしにしてあった空き家で、元々は祖母の家だったんです」

トタン張り、木造平屋の２ＬＤＫ。

昭和の中頃に建てられたものであるから、とっくに耐用年数は過ぎていると言って良い。

「建て替えたほうがいいのはわかってるんです。でもやっぱり、家って高いじゃないですか。いや高いと言うか、そもそも銀行にお金を借りないと建てられないじゃないですか」

一応、頭金くらいの貯えはある。知り合いの工務店が、彼好みの小ぢんまりとしたデザイン住宅を得意としており、将来的にはそこへ頼みたいなとも思っている。しかし。

「……ちょっと悩んでもいるんですよね。この家、壊していいのかなって」

彼の記憶にある祖母は、いつもこの古い家の居間に座っていた。

折り紙細工が好きで、部屋のあちこちや廊下、玄関などに、色とりどりの作品が飾ってあった。紫陽花《あじさい》を思わせる花や、デフォルメされた動物。あるいは柄も賑やかな毬《まり》。

いずれも全部折り紙なので、基本的には直線で構成されているのだが、レトロな丸っこいデザインのおかげで柔らかみがある。

幼い頃の香坂君は、当然ながらそのような手芸品に興味はなかった。

遊びに行けば玩具を買ってもらえるので、そちらが目当てだったと言ってもいい。

「ユウくん、鶴くらいは折れるようになったらどう？　お祖母ちゃんが教えてあげる」

「いらない」

「じゃあ、ヤッコさんは？」

「いらない。……お祖母ちゃん、それよりマクドナルド行こうよ！」

「あらあら、そんなことしたらまた、帰って晩御飯食べられなくなるよ……」

——困った顔をしながらも、お祖母さんは出かける準備をしてくれる。

ハンバーガーが食べたいのではなく、いつもその後に寄ってくれるおもちゃ屋さんへ行きたい、という意味なのは承知である。

小学生だった頃の風景。

この家のあちこちに、そんな思い出が焼き付いていた。


今回住み始めるにあたって、水回りの修繕や建具の交換、壁紙の張替え、家具の買い替えといった最低限の手は加えてあった。なので差し当たり不便はないのだが、沢山飾られていた折り紙細工の処遇については少々困った。

その数は数十個に上り、とてもそのまま置いてはおけない。

かと言って、捨てるにも忍びない。

なのでとりあえず手の込んでいる三つだけを残して、あとは段ボールに入れ、実家の納屋に仕舞っておいてもらうことにした。

「実は、紙って結構匂いを吸うし、それが残るんですよ。こんな言い方するのもアレですけど、沢山置いておくと、祖母ちゃんの匂いが凄くするので……」

特に不快とまでは言わないが、少し気にはなる面ではある。

その代わりに、残した手芸品は廊下に飾り棚を付けて、きちんと飾っておいた。

彼にとっても大切な思い出の品だからだ。

さて、しかし。

現在この家には、この折り紙細工が五つある。

香坂君が作り足したのではない。

「……勝手に増えたというか、戻ってきてしまって。実家から」

飾り棚に四つ目の、置いた覚えのないピンクと白の毬の形をした作品が増えている、と気付いたとき。彼はすぐに恐ろしくなって、それを捨てた。

「そしたら、何日もしないうちにまた違うのが増えてて。あっ、これはマズいというか、本気で怖いことになったと思いまして」

実家の仏壇に手を合わせに行った。

——祖母ちゃん、僕、あの家に住むことにしたから。報告もせずに勝手にいじっちゃって、ごめんな。一個、勝手に捨てちゃって、ごめんな——。

線香を焚き、そうやって正座をして拝んでいると、自然に恐怖は消えた。

不思議なことが起きたけれど、お祖母さんは今も自分を見守ってくれている。

亡くなってしまった人と、こういう形ででも交流ができている。これは凄いことだ。

香坂君は目頭が熱くなるような思いで、また、家に帰った。

数日後、また四個目が出現していた。

ペンギンのような色合いをした、丸っこくて幾何学的な塊である。

彼はまたゾッとして、すぐにそれを捨てた。


数日経ったらまた現れた。

毒々しいばかりのピンク色だが、長い鼻があるので象のつもりだろうと思われた。

彼は最早それには触れず、一週間ほど実家に帰った。


「……菩提寺の住職に事情を説明して、改めて供養してもらったんですけど。そしたら四つは数が悪いから、もう一つ増やして五個にしなさい、って」

香坂君は言われた通り、納屋の中の段ボール箱を開けて、むせ返るようなお祖母さんの匂いの中から一つ——一番小さな、朝顔と思しき花型の細工を取り出した。

それを飾り棚に置いてからはもう数が増えることもなく、落ち着いているという。

「ただ……、やっぱり悩んではいるんです。もし僕がこの家を建て替えたら、あの折り紙はどうなるんだろうって」

新しい家になれば、お祖母さんも諦めてくれるのだろうか。

それとも新築の家にも出現するつもりなのか。

だとしたら一軒家は諦めて、どこかにマンションでも買ったほうがマシだと、彼は言う。

シェアハウス

羽鳥さんは大学生の一年だけ、シェアハウスに住んだ。

見知らぬ他人との共同生活だ。テレビのリアリティショーで注目を集める前、マンガで読んで憧れたそうである。

しかしシェアハウスは通常の賃貸契約からすると変則的というか、大々的に宣伝できる物件は殆《ほとん》ど見られない。探し方もよくわからないでいるところに、知人から管理人を紹介されて飛びついた訳だ。

一部屋、空き部屋があるのだとか。

「……見世物みたいにされるのがイヤだからって内覧もないのね。管理人はめっちゃいい人っぽくて、『ごめんね』って事情も聞いたんだけど……」

このように変則的な賃貸の形式は、持ち主の厚意なり已《や》むに已まれぬ事情で成立しており、何らかのワケあり物件であることも多い。
○○マンションと聞いて想像したのは、白壁の洋風建築。大きなテラスにテーブルが並んでいる様子だ。
外観だけでも、と下見に訪れた彼女は想像とのギャップに唖然とした。

都下の古い木造一軒家。大きな二階建てで、築五十年は余裕で経っているだろう。傾いたベランダに物干し竿、洋風なのは玄関に変なライオンの石膏像があることだけだった。

かつての住人が置いていった作品であるという。

「転居や離婚で、住む人がいなくなっちゃった家らしいんです」

思ってたのと違う――だが、建物の良し悪しは問題でない。

羽鳥さんは即決した。決め手は玄関の石膏像。シェアハウスの元住人の作品を飾るセンスは、彼女の憧れそのものだったからだ。

ところがいざ入居するとライオンだけではなかった。家具や調度品なども、持ち主のものがそのままであるらしい。

羽鳥さんの部屋になったのは二階の一番奥、〝箪笥の部屋〟だった。

「一応八号室って番号があったんですけど、皆『ああ、箪笥の部屋ね』って」

他の部屋からはじき出された箪笥が集まる部屋だ。他の部屋より少し広めなので損ではないとのことで、大小四棹の箪笥が一画に集められていた。

どれも古いものだ。特に引き出しを開けるなとも言われなかったが、他人の箪笥を漁るのも後ろめたい。

一つ気になったのは、箪笥の上にある空のガラスケースだ。本来あったはずの中身はどこに行ったのだろうか。

「中身は誰かにあげちゃったとか、売ったとかかなぁ、とは思ったんですが」

それにしても、空のケースだけ置いておくものだろうか、と彼女は思った。

※

ハウスの共同生活は、概《おおむ》ね羽鳥さんの期待通りだった。

お互いに距離感は近すぎず、遠すぎず。文化的な上澄みを持ち寄ってリビングを共有する、ある種緊張のある時間。

羽鳥さんの他に住人はよく見かける人で五人。他にも二人いるが、彼女は殆ど会ったことがない。思ったより女性の住人が多く、羽鳥さんの他にも二人いる。

管理人はぼうっとしている物静かな人で、何かと気に掛けてくれた。

ひと月が過ぎた頃、四号室に住む古沢さんという女性が部屋の前までやってきた。服飾の専門学校に通う彼女に古着の裁縫仕事をお願いしており、それが仕上がったというのだ。

「散らかってますけど、どうぞ～」と羽鳥さんは代金を払うのに古沢さんを部屋に招いたが、振り返ったときにはもうそこに彼女の姿がない。ドタドタと廊下を駆ける音を立て、古沢さんは逃げるように自室に帰ってしまったのだ。

翌日、古沢さんはお金を受け取ってくれた。だが何やら気まずそうで、こちらと目を合わそうとはしなかった。

暫くしてハウスにもすっかり馴染んだ頃、管理人・関さんがやはり何やら気まずそうな顔をして羽鳥さんのところにやってきた。

「言い難いんだけど、皆に守ってもらいたいことがあって」

『許可なくよその人間を連れてこないこと』『自室の戸締りは厳重にすること』と、最初に言われたことを再度言われた。

単なる念押しと思って頷いていたのだが、最後に彼が「他の住人から苦情が来ているから守ってね」と言うので、羽鳥さんは「えっ、私がですか⁉」と声が裏返ってしまった。

彼女は他人を連れてきたことなど一度もない。自室で電話を掛けてもいない。誤解とすら言えない、根も葉もない風聞である。

ただ思い起こしてみれば、一概に単なる言いがかりとも言い難い——本気でルールを破っていると思われている節はあった。

例えば自室にいるときも薄い壁越しに他の物音は聞こえてくるのに、羽鳥さんが出かけようと廊下に出ると、そうした物音は息を潜めるようにぴたりとやむのだ。マナーや気遣いの一種と思っていたのだが。


この頃、羽鳥さんのバイト先でおかしなことを言われることがあった。

フードコートで短い休憩を終え、売り場に戻る。彼女のバイト先は庶民的なデパートに入っているシューズ屋だ。

すぐ対面の紳士ブランドとは対照的な、スポーツブランドを中心にキッズ向けの商品が充実している。お客も親子連れが多い。

戻った羽鳥さんに、店長が「今、お客が来てたんだけど」と怪訝そうに声を掛けた。

休憩を咎められたのかと思ったがそうではなく——羽鳥さんを尋ねて、何やら妙な男が来ていたというのだ。

「昨日も来たんだよ。『羽鳥は休みです』っていうのも何かマズそうじゃん？　適当にはぐらかしてたら、売り場をウロチョロしてて」

一応大人向けスポーツブランドもあるから、男の一人客が来ることは変じゃない。しかし男は、靴ではなく羽鳥さんを探していたのだ。

「付きまといとか——心当たりある？」

店長から特徴を聞いた限り、思い当たる知り合いはいない。

そもそも男の知り合いは多くない。

シェアハウスの住人には、バイトのことは何も話していない。バイト先からも、新住所に郵便物を送ったりもしていないというのだ。


それからまた暫くして、二月になった。

羽鳥さんのバイト先には、時折不審な男が訪れていた。いつも決まって羽鳥さんの不在時で、店長曰く、別の男であることもある。

こうなると、羽鳥さんに対して不審の目が向けられるようになる。

借金から逃げているとか、怪しいことに関わっているとか——そういうことだ。

そのうちに決定的なことが起きた。

彼女が休憩から戻ると、レジのところに、隣のテナントの女性店長が来て何やら話し込んでいたのだ。

二人の店長がこちらに気付くと、何やら気まずそうに、こちらを手招きした。

「羽鳥さん、今さっきまた、変な男が君を探していたんだけどさ。こちらの、お隣のテナントさんからもその件で苦情が……」

隣のテナントはカジュアル着物と和装アイテムなどを取り扱う煌びやかな店だ。時期的に、エスカレータのところに雛人形を多く展示していた。

「苦情じゃないんですけど」と隣の女性店長が申し訳なさそうに口を開く。

「その、先頃から少々、妙なことが続いておりまして……どうも、そのとき大体決まってこちらの売り場にちょっと変な感じのお客様がいるので、悪戯と思ったのですが」

妙なこととは、マネキンなどが向きを変えていたり、展示物がずれたり……。

そしてその〝変なお客〟が、今しがたここに居たというのだ。

つまり羽鳥さんのストーカーが隣のテナントに迷惑を掛けていることになるのだが、だとしてもその責任が羽鳥さんにあるはずもない。付きまとわれる覚えもないのだ。

ところが、女性店長は羽鳥さんに向き直って、思わぬことを言った。

「悪戯とかではなくて——どうもよくない気がします。最近何か、変わったことはありませんか？　身内に不幸があったとか、引っ越しされたとか……」

引っ越し——はした。憧れのシェアハウス。自室は箪笥ばかりだが、一階のリビングは広いし日当たりも換気もよい。お風呂だって広い。

羽鳥さんの店の店長は「そこにストーカーがいるんじゃないか。防犯カメラを見せてもらおう」と言ったが、女性店長は首を横に振る。実はそうしたことは対応済みで、確認した限りでは何も映っていなかったのだという。勿論、売り場をうろつく不審人物の姿もだ。

「早急にその物件を出られたほうがいいように思います。脅かす訳じゃなく、普通じゃないと思います。今も、うちの人形が——」

羽鳥さんは、店長の指差すほうへ目を向ける。

通路を挟んだ隣のテナントでは、雛人形を店頭に並べて展示している。ひとつひとつガラスケースに入れられ、手は触れられないはずだ。

それら全てが——こちらに背を向けている。本来ならお客の通る通路に向けて並べるはずだ。つまりそれらは、こちらに顔を向けていなければならないはずなのである。

「一つ残らず顔を背けていたんです。その男のいるほうから」

引っ越したほうがいい、という女性店長の言葉は記憶にこびりついていた。

それを察したものか、例の古沢さんが羽鳥さんに「話がある」と申し出た。かなり躊躇いがちで、話があるとしながらも迷っているような。

彼女からどうにか訊き出したことは、羽鳥さんに宛がわれた八号室〝箪笥の部屋〟に関することだった。

羽鳥さん入居の直前、古沢さんは体調を崩して昼間から部屋で寝ていた。薄い壁越しに、廊下の気配を感じてそっと覗き見ると、管理人が奥の八号室の前で荷物を動かしていた。てっきり入居者のために中の箪笥を出しているのだと思ったが、その逆だった。

追加の箪笥と、長細い桐箱をあの部屋に運び入れていたのである。

古沢さんは、そのときの様子をこう語った。

「——関さんは、一人で階段に箪笥を上げて、こっそりと運び込んでた」

大抵そうしたことは住人が手伝うそうだ。

羽鳥さんは反射的に盗聴や盗撮、という言葉を思い浮かべたが、元々他人のものばかりの他人の部屋だ。そのためにわざわざ荷物を増やす必要もないように思える。

とにかく箪笥の中を確認しよう——そう思って羽鳥さんが礼を言うと、古沢さんは尚彼女を引き留めた。

「待ってください。あの部屋、男の人、いますよね。箪笥の後ろに」

羽鳥さんはギョッとする。

男などいないし、箪笥の後ろに隠れられるスペースなどない。

「五号室のアキちゃんも言ってたんですけど、羽鳥さんがバイトに出ると、八号室から男の人が出てくるんです。何人も。ぞろぞろと廊下を通って……」

古沢さんらは、一度はそれを直に目撃した。以降は怖くてドアを開けられず、壁の向こうの気配からそれを察しているのだという。

「四、五人いて、誰かを探しているような感じでした。でも二階の他の部屋は目もくれずに、そのまま階段を下りてったんです」

羽鳥さんは退去の意志を固めた。

その後で管理人にそれとなく箪笥のことを聞いてみたのだが。

「いやぁ、僕、古民家に興味があって、ああいうの、集めちゃうんだ。邪魔だったら倉庫に幾つかは移せるから、遠慮なく言ってね」

悪意のようなものは全く感じられなかったという。

最近あの部屋に新しい箪笥を運び込んだか尋ねると、管理人は「知り合いから押し付けられて、一時的にね」とあっさり認める。

次に、箪笥の上のガラスケースの中身について尋ねたところ、このときだけ管理人はやや口籠った。

「実は……前は日本人形が入ってたんだけどさ、どっか行っちゃったんだよね〜」

当時を思い出し、羽鳥さんは苦笑した。

「よくも悪くも嘘は吐けない人なんだなぁ、って」

羽鳥さんは箪笥を幾つか片付けてもらい、予定通り一年はそこに住み続けたという。

闇バイト

「いやもー、単なるデータ入力のバイトっす。もう、危ない橋渡るのはやめようって」

作業は繁華街にある雑居ビルの殆ど廃墟のような一室を使い、二人か三人で行う。

管理者らしき男は、近くの別のビルに居て作業部屋には来ない。この男はじゃらじゃらとアクセサリーまみれで、坊主頭。とても堅気とは――。

「前捕まったのは、ハメられたんすよ。すぐ釈放されたし」

翔君は以前、今でいう闇バイトに関わったとして逮捕歴がある。といっても実際に罪を犯した訳ではなく、彼は単に〝楽して稼げるバイト〟の要員として集められ、実行に移す前に警察の捜査を受けた。

彼の言う通り、「楽して稼ぎたいのは別に悪いことじゃない」。ただリスクがある。

「親にはネットで仕事探すなって泣かれたけど――知り合いの紹介ならいいっしょってこ

とで。でも、なんつーか、多分アレ昔の、出会い系の客だなって思ったんすよ。若い奴から爺さんまで、男ばっかだもん」

入力するデータは個人情報だ。氏名、ハンドルネームらしき文字列、住所、年齢、幾つかの謎の数列、記号、備考。それらが、右の黄ばんだパソコンのマウスをクリックすると現れる。それを左の新しいパソコンに正確に入力し、『送信』のボタンを押す。その繰り返し。一度入力したら前のデータには戻れない。

彼の話を総合すると、おそらくは後ろ暗いシステムで集めた商材だ。それが業者が逃げたか捕まったかでシステムの移行ができなくなり、人力でカバーすることにしたのだろう。

「仕事は、ラクでしたよ。ただ怪しいとこや変な決まりがあって――」

まず一つには、その作業中は貸与されるノイズキャンセリングヘッドホンの着用が絶対の条件となっていた。

作業部屋には、電灯がなかった。

パソコンの電源も別の部屋から長い延長ケーブルで引き込んでいて、盗電を疑うような有様だ。しかし繁華街にあるだけあって、新聞紙で目隠しされた窓からの明かりで、夜でも真っ暗になることはない。

部屋にはデスクが三つとパソコンが合計六台あるだけで他には何もない。トイレや給湯室もあるが、これらは使用不可だった。

そんな環境で、ヘッドホンを着けて作業する。作業中は決して外さないようにとだけ命じられ、管理者の坊主頭の男はその理由まで説明する気はさらさらなさそうだった。

所謂オーバーイヤーの密閉型ヘッドホンで、しかも遮音性が非常に高い。着けると外界の音はほぼ完全に遮断され、自分の身体から発する音が強調された。

室内にいる限り四六時中着けていなければいけない決まりだったが、幸い自分のスマホに繋いで音楽を流すことは禁じられていなかった。

決まりは他にもある。

まず、施錠は確実に行い、出入りの際には外廊下に人がいないことを確かめてから入退室すること。

管理者がここへ来ることは決してない。誰かがやってきても決してドアを開けず、モニターを消して留守を装うこと。私語禁止。食事禁止。

「変なバイトでしょ？　給料は出来高取っ払いで、一件当たりけっこー貰えるんですよ。フッーのデータ入力なんて一件いくらにもならないんでしょ？　俺はやったことないけど、シーマさんがそんなこと言ってました」

シーマさんとは翔君にとって、そのバイトの先輩に当たる。どういう漢字を当てるのか本名なのかもわからないが、管理者も『シーマ』と呼んでいるのでその名で通る。彼はキーボードが苦手なようで、机に齧りついて一本指で打っている。

一方、翔君には造作もない仕事だ。椅子にふんぞり返って片手でやっても一日に結構な金が入ってくる。しかも文字通り右から左に入力するだけで滅茶苦茶褒められる夢のような仕事だ。

ただどういう訳か、毎日はできない。

「シフトって訳でもなくて、給料貰うときに『お前ら、明日から二、三日来るな』って言われて。次行くと飲みかけのボトルとかそのまんまだし、他に誰か入ってる感じでもないし」

どれほど良い仕事でも、やはり厭なことはある。彼にとって、ヘッドホンがそれだった。出勤するとまず事務所でヘッドホンを取ってから例の雑居ビルの部屋に詰める。そこからは丸一日着用だ。蒸れるし、しかも誰かのお古らしくイヤーパッドが加水分解を始めており、特有の匂いもある。

何度かはこっそり片耳ずつヘッドホンを外して仕事をしたことがあった。

しかしこれを外すと、途端に室内外の音が気になりだしてしまう。

「一応トイレとかもあるんですけど、使用禁止になってて。そっからなんか、音がするんですよ。コンコン、コンコンって。何か、他の部屋かわかんないけど、お経？　みたいな声とかも聞こえてくるんですよね。遠くから」

南無阿弥陀仏とか、そういうありがちなお経ではないらしい。低く、唸るような独特の抑揚が「お経っぽい」というのだ。

作業終了後、シーマさんに『ヘッドホンしないとどうなるんすか？』と尋ねたところ、バレると即クビらしい。

このバイトの、少なくとも作業そのものは安全で合法。しかも高給で褒められる。絶対にクビだけは避けたいと彼は従うことにした。

「実際、その後に入った新しいバイトの人で、即クビになったのいるんですよ。すげえデカくてイカつい奴」

その新入りは椅子やＰＣが小さく見えるほどの巨体で、それが頭にちょこんとヘッドホンを載せている様は、見るからに暑苦しそうだ。案の定、その男はたった二日でヘッドホンを堂々と外し始めた。

ところが、彼もやたらとトイレのほうを気にする仕草をして、室内をうろうろと歩き回り始めた。三日目には男はもう現れなかった。

「まー、シーマさんでしょうね。チクったんすよ、そいつの態度が悪ぃって」

※

トイレはどうするのか。使えるトイレがないその部屋では、所用のたびにコンビニ等に行かねばならない。

彼らはヘッドホンを自分のスマホに繋げていたため、出入りに際してもそのまま歩き回る。苦手なこともあり、翔君の場合は部屋から出るとすぐに外し、戻るときに付けるようにしていた。

あるとき彼がトイレから戻り、部屋に入ろうとしたときだ。

ふと、廊下の奥の人影に気付いた。

薄暗い一番奥の突き当りに、男か女かもわからない真っ黒な影が浮いている。

翔君は驚き、硬直して動けなかったが――影のほうは何か、知り合いを見つけたかのようにこちらへ歩いてくるのだ。

そして――コソコソと囁くような、体表を粟立てるような音。

規則には『入退室の際は外廊下に人がいないことを確認すること』とある。しかし彼は慌てて部屋へ逃げ込む。

人影は追ってはこなかったが。

ここそぼそぼそこそこぼそぼそ……と、その声はドア越しに続いていた。

その日の作業を終えて報酬を受け取りに事務所へゆくと、管理者がこう尋ねた。

「どうだ？　誰か来たか？」

翔君は、廊下の人影を思い出しつつも、「誰も来てないっす」と答えた。すると管理者は首に何重にもしたネックレスをジャラつかせて威勢よく笑った。

それからまた数日経った頃。

調子よく入力を続けていると、ふと肩を叩かれた。屈託なく、軽い感じでトントンと。

思わず振り向くと、そこには誰もいない。シーマさんは少し離れた席で、キーボードと格闘している。二人しかないのだから、自分を呼んだのは先輩のシーマさんに違いない。

「……何すか？」と聞いたが、当然彼も同じヘッドホンをしているため、こちらの声は届かない。

普通のノイズキャンセリングヘッドホンは騒音だけを消して人の声は残すよう工夫されているものだが、これは強力な代わりに人の声だろうと何もかも消してしまうのだ。

「シーマさん！」と声が大きくなり、思わず自分のヘッドホンに手が伸び――止まる。

罠に片足を突っ込んだように感じたからだ。

誰の、どのような罠かはわからない。それでも、不自然なほどあからさまに仕掛けられた罠に、自分が飛びつこうとしていることに気付いて僅かに戦慄した。

翔君は何もなかった振りをし、入力に集中する。

しかし罠というなら、このバイト自体が罠めいているのではないか。

そのとき、ヘッドホンから流れてくる音楽が止まった。

続いて、ビンと頭を引っ張られる感じ――慌ててヘッドホンを押さえる。そこからスマホへ繋がるケーブルが、ピンと張り詰めていた。その先は眩《まばゆ》い二つのモニターの間を通って向こう側の暗闇へ消えている。

自分のスマホが、デスクの向こう側に滑り落ちてしまったのだ。

一体なぜ?

(何でも何も——)

動物的な勘が、彼に異常を知らせていた。机の向こうに何者かが潜み、身を屈めて自分のスマホをいじっている。

耳に届くのは心臓が早鐘を打つ音と、ごわごわとした血流の音。

音響工学のメーカーや研究所には無響室と呼ばれる、全ての音を吸収して極めて高い静音性を誇る実験室がある。長時間そこにいると発狂するとも言われるほどだ。

否応なく、全神経が体外に集中してしまう。すると、半袖から出た自分の腕の産毛を、微かにくすぐるような空気の振動がある。

風。いや、音。

数日前、廊下で出会った人影が、何やら話しかけてこようとしたのを思い出す。

「うわっ! か、返せ!」

思わず彼は叫んでいた。

その声は自分の体内のみを通り、心音に交じったくぐもった声となり、自分にしか聞こえていない。おろおろと振り返るも、シーマさんは気付かないのだ。

「……シーマさん！　シーマさん！　これ、これちょっとぉ！」

彼を呼びにいくこともできただろう。しかし、ヘッドホンとスマホはコードで繋がっており、その片方は机の向こうに消えている。

已むなく、彼は机の上にあったドリンクの缶を、シーマさんのほうへ投げつけた。まだ半分ほど残っていた中身をぶちまけ、大慌てで立ち上がるシーマさん。彼は、驚いた顔でこちらを見たが――同時に異常も悟ったようだった。

※

「ま、その場はシーマさんがキレずに、収めてくれたんすけど」

シーマさんは机の反対側に回り込んで、そこにぶら下がっていた翔君のスマホを回収してくれた。

机の向こうには誰もいなかった。

「『ここじゃ変なことあるから』って笑って許してくれて。マジいい人」

問題は、回収したスマホのほうにあった。

音声入力が有効にされていたのだ。彼の意図したことではない。

メッセージアプリに入力されていたテキストからしても、それはあのとき、机の向こうに滑り落ちてしまった間の出来事だ。

そこには、尋常ならざる翔君の様子が、やや途切れながらも克明に記録されている――だけではなかった。

〝っ若返せっ返せっぱ〟――〝うん聞いて〟
〝七だよ〟――〝聞いて〟〝トイレで待ってるきて〟
〝今三っしーま三。れこれちょっとお〟――〝うん聞いてる。〜。聞いて〟
〝輪何すだお前〟

「『最後の〝うわ何すんだお前〟ってのは俺』ってシーマさん言ってました」

〝今三〟は『シーマさん』だろう。〝七だよ〟は、もしかすると翔君が『何なんだよ』と毒づいたものかもしれない。無自覚に出た言葉であって、自信はないらしいが。

「〝うん聞いて〟と〝トイレで待ってる〟は、絶対俺じゃないと思うんです」

認識ミスが少ないことからも、幾つかの言葉は、スマホのマイクのすぐ近くで発せられたものと思われた。

そのバイトの終わりは突然訪れた。

右のパソコンに、次の入力データが現れなくなったのだ。

「簡単な話、全部のデータを入れ終わったらしんすわ」

元々上限があったのだ。だからこそ一件当たり法外に高い給料が設定されていた。

最後の日、管理者は打ち上げと称して翔君らを連れて飲みに出かけた。

そこで、翔君は思い切って自分達のやらされていたことを訊いた。管理者は答えたものか迷っている風だったが、結果、首を横に振った。

「……『知らないほうがいい』って。詐欺とかそういうもんじゃないらしっす。でも出会い系の客でもないって」

それから、あの部屋のことについても聞いた。

部屋自体はただの雑居ビルで、何も問題はないらしい。ただどういう訳か、あのデータを扱っていると何かを呼び寄せてしまうというのだ。

「データを入力してると、その部屋は段々『汚れてくる』って。あの部屋は長いこと使ってたから『もうダメだろ』って」

翔君はそのとき初めて気付いた。

管理者の男が首やら腕にじゃらつかせていたものは、全部がアクセサリーではなかった。

「金ネックレスとかに交じって、結構な数の数珠があったんすよ」

坊主頭の男からは、高級そうな香の匂いがしたという。

ノート

春川君はナンパ師だ。

スマホのマッチングアプリは敬遠している――「風情が全然ない」とのことだ。

「アプリとか理想じゃないんだよなぁ。だってジェームズボンドや寅さんが使ってたらどう思います？」

彼の場合もナンパは手段ではあるのだが、目的がややずれている。

一人でドライブを楽しんでいると、道路脇に思わず息を呑むような素敵な建築が出現する――所謂ラブホテルだ。名前も風流だったりする。

「何か和風で、竹林がね、バーッとあって隠してるんですよ。いいでしょう。『ココ泊まりたいなぁ』って思うでしょ？」

それがメインの理由で、一人で泊まれないから女の子を探しているに過ぎない。

彼にとってスリリングなのは、捕まえた子をいよいよホテルに連れ込むとき、決め打ちでココに行きたいと明かすか、それともあくまで偶然を装うか——そこだ。

「偶然を装うほうが雰囲気はいいけど、気分で先に言うこともあって……」

その日、彼は複合施設でナンパしたヤエという子に、この先の竹林のラブホに行きたいと話した。

するとその子は、そこよりもいいホテルを知っている、そっちに行きたいとゴネだしたのだそうだ。

「ちょっとどうかな〜って。『どうせ安いだけのとこじゃないの？』って思ったけど、もう車に乗せちゃったし。その日はまぁ、いいかってことにしたんです」

こういうとき、我を通さずに流れに任せるのも彼の流儀だ。

しかし彼女の案内で辿り着いた場所を見て、春川君は脱力してしまった。

いかにもという感じの安っぽいお城風の建築で、けばけばしい内装から置いてあるシャンプーの銘柄まで透けて見える気がしたからだ。

（ん〜、まぁこの子だとこれくらいだろうな）

ヤエが本名かどうかは別として、その古風な名に合わない派手な外見、バブルからタイムスリップしてきたようなセンスから逆算して、ここは似合いというか、ここ以上に似合うホテルはないとさえ思えたからだ。逆にあの竹林のホテルでなくてよかった、とも。

駐車場から受付、部屋の内装に至るまでの完璧な予定調和。ノー・サプライズ。

普通はあまり意外性を求めないのだろうし、これくらいのベタがいいんだろうと彼は溜め息を飲み込む。

ヤエさんがシャワーを浴びる間、春川君は部屋を見るともなしに見た。

テーブルのメニューを見ると、食事がウリのホテルらしい。ラーメン、カレー、親子丼とがっつり系ばかりが並んでいて「誰がここでカレー喰うんだよ」と彼は一人ごちた。

視線を回すと、宿泊者ノートが目に付いた。彼の好んで泊まるホテルにはないことが多い。懐かしい気持ちで捲ってみるとそこにはカレーの文句が書き連ねられていた。

ただ捲るうちに紙面に幾つか、穴あけパンチで開けたような丸い穴があることに気付く。一般的な文具のパンチより大きく、それに外周ではなく紙面の真ん中辺りまで同じ穴が開いているのだ。

そのとき、シャワールームからキャッと短い悲鳴が聞こえた。

「どしたの？」と彼がシャワールームに駆け付けると、「何でもない」「開けないで」と、やや緊張を孕んだ声が答える。

大方ゴキブリでも出たのだろうと思った彼だったが、それなら虫だと言えばいい話だ。

「何？　虫？」

「――そう。もう殺したから」

妙な間が気になった。シャワールームのこちら向きの面は大きなガラスになっていて、ブラインドが下りている。壁のスイッチを押せばおそらく中が見えるだろう。

しかし、彼はそれ以上詮索する気にはなれずにまたノートを見に戻った。

さっきの穴が気になったからだ。

またノートを捲ると――更に妙なことに、穴が増えている気がしたのだ。

他に誰もいないのだから気のせいに違いないのだが、さっきは普通に読めていたメッセージにも、文字がすっかり抜け落ちてしまっているところもある。

ふと、急に厭な感じがした。

かなり多くのホテルを泊まり歩いた春川君である。そのうち何軒かは決して泊まってはいけない部屋で、そのときは決まって最悪の経験をしてきた。けれど彼の勘でいえば、部屋に入ってすぐに気付くはずだった。確実ではないにしろ、途中から厭な感じになったことはこれまで一度もない。

彼は耐えきれなくなり、すぐにシャワールーム前へ取って返してヤエさんを呼んだ。気分が悪くなってきたから出ようと話す。決して嘘ではない。

しかし——彼女は何も答えない。

水音もしない。

「ヤエちゃん？　聞こえてる？」

っていうか、いる？　——と、彼は思わず壁のスイッチに手を伸ばす。二つあるうちの片方を押すと、ブラインドが上がって、膝程の半端な高さで何かに引っ掛かった。

足が見えた。

男の足だ。

ヤエさんの足の周りに、三人分の男の足。

ヒッと春川君は声を上げた。

ブラインドはそのまま上がり続け、しかも片側が引っ掛かっているためもう片側だけが持ち上がり、全体が蛇腹を崩してグシャッとなった。

蛇腹が潰れた隙間——そこからこちらを覗く目がある。

一つ、二つではない。

沢山の目が、シャワールームの中からこっちを見ていた。

春川君は叫んで、その場を逃げ出す。財布と鍵、スマホを引っ掴むと、それらのいずれからぱらぱらと小さな紙切れがガラステーブルに舞った。

それは小さく、丸く切り抜かれたノートの紙面だった。

一瞬目に留まったそれは既にバラバラであったが——彼の脳内で容易に再構成できる短い文面となった。

〝気 Chu イを付けてし手　あの小　カレ3にン頃し TEL 辛〟

※

「逃げましたよ。いや、ヤエちゃんがどうこうより——とにかくあの部屋が気持ち悪くって。そのときはもうその一心で」

一人車を飛ばして、近くの料金所を通って高速に乗った。

ところが、後で気が付いたそうだが彼が慌てて掴んだスマホは、彼のものではなくヤエさんのものだった。

彼は念のため、暫くその携帯を持って連絡を待っていた。

彼女が気付いていないはずはない。置き去りにして、しかもスマホを取り違えたのだから、怒るなり返せなり必ず電話が来るはずなのだ。

しかしどういう訳か、その携帯が鳴ることはなかった。尤《もっと》も、彼のほうも自分のスマホに電話をしたりはしなかったのだが。

「捨てましたよ——でも彼女のほうも僕のスマホを捨てたとは、限らないんですよね」

それもあって、彼は今もマッチングアプリを使わない。

後輩の相談

峰さんは後輩に相談を持ち掛けられ、バーを訪れた。後輩の行きつけであるらしく、峰さんは少し意外に思ったという。

「あいつ、飲み歩くようなタイプじゃないっていうか、殆ど酒飲めない奴だったし……それに何つうか、『先を越された』感?」

久々に会った後輩はなかなか相談を切り出さなかった。よど深刻な相談なのか、酒も頼まない。

後輩が転職して一年。鼠講などの勧誘にしては、羽振りがよさそうな素振りもない。それどころか金に困っていそうで、窶れて見えた。ならば借金の申し入れか。

「何か結婚するつもりがあるんだかないんだか？　相手がいるらしいんだが、それで悩んでいるっぽい」

結婚のための借金とするなら十万二十万じゃないだろう――生憎《あいにく》そんな大金はないぞと言うと、後輩曰く『金の話じゃないです』。

「なら何なんだっていうね。要領を得ない。でも何か、話の端々に霊道とかお祓いとか出てきて、『ああ、宗教系のアレか』と思ったんだが……」

気が付けば客は峰さんと後輩だけ。

そのうちに、急激に酒が回ってきた。峰さんも元々強いほうではない。後輩が全然飲まなかった手前、ついペースを掴み損ねたか。

「だって、思ったより話が長引いたから」

ようやく後輩が話し始めた相談の中身を、峰さんは全く覚えていない。

「途中、気持ち悪くなってトイレ行ったんだ。吐こうにも何も出てこなくて、これはおかしいぞと――」

暫くトイレでぐったりした後、峰さんはカウンターに戻った。

そこに後輩はいなかった。会計も済んでいるという。

やられた、と峰さんは席に着く。水を飲みながら自己嫌悪していると、「すみません」

と背後から声がした。

振り向くと、モデルのように背の高い女性がいた。

梶田さんのお知り合いですか、と女は言うのだ。梶田とは後輩の苗字である。

峰さんは暫くその彼女と話し込んだ。

「何を話したか——多分後輩の話だったと思うけど、何にも思い出せなくって。滅茶苦茶楽しかったのは覚えてる。波長が合うっていうか、そんな感じ？」

気が合ったのだろう。しかし一体何を話したか、それは全く覚えていないのだという。

次に思い出せるのは——彼は上機嫌でタクシーに乗っていた。

断片的な記憶では、先に乗り込んだのはバーで出会った女だ。続けて、峰さんも乗った。座ってみると女は背が高かった。

タクシーに乗った途端、運転手がルームミラーをガッと捻じ曲げて、後ろが見えないようにしたことも何やら印象深い。行き先には自分の家の住所を告げた。

彼はタクシーの中でも随分喋ったのだ。後輩のこと、仕事のこと、自分のこと——。

「――ねえ、それ、誰に言ってんの」

突然、運転手がそう割り込んできた。

「え？」と峰さんは混乱し、「誰にって、彼女だよ」と答える。さっきバーで出会った女と一緒にタクシーに乗って、今も楽しく話をしていたはずなのだ。

「お客さん、一人だよ」

運転手ははっきりとそう告げる。見れば、確かに隣にいたはずの女がもういない。女は背が高かった。高すぎて、頭が天井につきそうだった。

「あれ？　あれ？　彼女、途中で降りた？」

「降りてないよ。最初から一人。この近く？　どう行けばいいですか？」

景色はもう峰さんのアパートの近くだ。しかしまだ数ブロックほど距離がある。女はどこに行ったのか。もしかするとバーにいるときから、彼は幻と喋っていたのかもしれない――化かされるとはこのことだ。

峰さんは恥ずかしくなってしまって、すぐに車を止めてもらった。

「……俺、酔ってるな。さっきね、バーで会ったんですよ。俺てっきりその子と――はは」

金を払って車を降りるとき、運転手がようやくこちらを見て、「あんまり言いたくないんだけど」と口を開く。

「乗ってきたのはお客さんと、その靴だけです」

言われて見ると、女の座っていたはずの奥に、酷く汚れたベージュのパンプスが揃えて置いてある。

「靴だけ、歩いて先に乗ってきたんですよ。お客さん、ソレ、ちゃんと——」

運転手の言葉の途中で、峰さんは逃げるように車を降り、そのまま遠ざかる。

「お忘れ物ですよ！」

運転手は頭に来たのか、後からそれを車外に放り出してしまった。

大きな、ハイヒールのパンプスが路上に転がる。

※

「何が起きたか……わかる？　俺の話。酔っぱらってたんだ。それはいいとして、靴だけがタクシーに乗る訳はないよね」

こうなるとどこまでが現実でどこからが酒の見せる幻なのかわからない。

意識がはっきりしているのは、バーで後輩がキープしているボトルの酒をグラス一杯呑んだまでだ。お土産に貰った酒で、それが何なのか後輩もよく知らないと言っていたが。峰さんも知らない味がした。とても美味いとは言えない、酢のようだが舌が僅かに痺れる感じが電気ブランに似ていると思った。

「とにかく、タクシー降りたとこから俺んちまで歩いてまだ、五、六分は掛かるから」

夜道を家に向かう途中、彼は何度も振り返った。

何かに追われている気がしたのだ。運転手と話して、それまでの酷い悪酔いは吹き飛んでしまっていた。

もう家に着く直前に振り返ると、そこには見慣れた街灯が並ぶだけで何もない。

ふとそこで空を見上げて、彼は硬直した。

空中に、パンプスが浮いている。

パンプスは、彼の頭よりも更に二メートルほど高い位置で左右をきっちり揃え、細ったつま先をこちらへ向けている。まるで、その上からこちらを見下ろす人間の姿が浮かぶようだった。

「もう、慌てて家に飛び込んだ。見たら後輩から滅茶苦茶着信あってさ、すぐに折り返した訳よ」

後輩は、電話に出るなり詫びた——誰かに聞いてもらいたかっただけなんだと。それでもあの女に『誰が来るのか』と問われて、先輩のことを話すしかなかった、と。

最初は後輩も、また別の人間に連れられてあのバーへ行くようになったのだという。

女は、そこにいた。女は後輩に付きまとい、あるとき酒を持って現れた。その酒は、本当に酒なのかもわからないが、ウイスキーのボトルに入っていた。近年高騰しているその酒を、彼は訳もわからずに飲んで、残りをバーに置いた訳である。

「『酒のことはわかった。で、あのパンプスは何なんだ』と聞いたんだ。そしたら妙に間があって、『は?』って言われて。さすがに俺もキレたんだけど……」

後輩は、パンプスについては何も知らないと話した。『あんなに背が高くて、ヒールの高いパンプスなんて履く訳ない』とも。

確かにそれはそうだ、と峰さんも妙に納得してしまった。

翌朝、そのパンプスは峰さんの部屋の玄関に揃って置いてあった。

「……捨てても戻ってきたら厭だから。靴箱の奥に押し込めてあるよ。そうしてれば幸い、別に何も変なことは起きないからさ」

後日、後輩からまた電話が来たそうだ。

「『害はないと思いますが、念のため注意してください』ってさ。それと『ミワコ』だか『ミヤコ』って言うんだって。その女の名前。聞いてねえよってまたブチ切れたよ」

パンプスは二十八センチほど、女物にしては最大級のものだった。

無い内定

「イヤもーほんと思い出したくもないんだけど」

履歴書は当然捨てた、碌に会ってないのだからどんな人間かも思い出せない、でも顔と名前ははっきり憶えている——そういう人材がいる。

「そりゃウチの会社だって自慢できるようなもんじゃない……世にいうブラック企業だ」

社長の盛田さん自身が言うのだから疑う余地もない。

求人情報誌にはアットホームな職場です、未経験者大歓迎の文字が大きく浮かぶ。毎年大量に採用して大量に辞める世界。

「だからってあんなのは採らない。仮に丑尾君ということにしておくけどね、最初、僕は彼を面接しなかったんだ。一次でお引き取り願ったからさ」

当時の人事部員もいないため、これは社長からの又聞きである。

※

人事部の菱沼はある履歴書を前に憂鬱な気分だった。

この業界では珍しい手書きの履歴書で、しかも赤ペンを使った鬼気迫るものだった。書類で落としたい手合いだったが、これを見た盛田社長が『面白い奴じゃん、会ってみてよ』と言った訳だ。

言われてみれば、歳若い割に文字は妙に達筆だ。ボールペン習字か何かがウリなのかもしれない。

名は丑尾孝。三年前に私大を卒業している。

面接時間を過ぎても丑尾は訪れず、已むなく記載された電話に掛けると携帯の電話番号なのに出たのは母親だった。

『孝は今運転をしております』

面接に車で来るのかと菱沼は面食らったが、遅れていることには説明もなかった。

それから十分程して現れた丑尾という若者は、写真で見るよりも頼りなく、ただ喋っているだけで生理的な不安が伝染するようだった。

面接を終えて、菱沼は「言い方悪いですけど」と社長に語ったという。

「できの良し悪しが顔に出ることってあるんですねぇ」

その場でお祈りのメールをしたところ、その直後から母親からのメールでの物凄い抗議が始まった。

〝アットホームな職場とあるのにうちの子に来るなとはどういう了見ですか〟

〝勝手に内定を取り消すのは不当解雇に当たると懇意にしている弁護士の先生から伺いました。徹底的に戦う構えです〟

菱沼は何を言われているのかすらよくわからない。

――内定って何のこと？

※

「イヤー、思えば早いうちにもう、菱沼はすっかり参ってたんだよ」

丑尾の母はどうやら書類審査が通ることを内定と思い込んでいるようだった。〝弁護士〟

がそれを真に受ける可能性は低かったが、必要以上に肩入れするうち当事者化する弁護士も一定数いる。

蓋を開けてみれば社を訪れて抗議してくるのは常に丑尾の母本人だけであり、代理人はいないようだった。社長のあずかり知らないところで、菱沼は丑尾の母と面会し、そのたびに追い詰められていたことになる。

彼が、執拗な人格攻撃に疲弊していたことは想像に難くない。

——しかし同時期、社長のほうは別の『妙な話』を耳にしていた。

「その頃、別に何人か面接して採用したんだけど」

新たに採用された社員とのランチで、彼らは『あの二次面接にいた女性は経営者ですか？』と社長に尋ねた。

彼らは面接中、部屋の隅に腰かけている中年女性と『頼りない感じ』の若者を見たのだそうだ。

親子ほど歳が離れたその二人は特に質問もしなかった。しかし中年女性のほうの、値踏みするような厳しい表情が印象に残っている。特に紹介もされなかったが、あの二人は一体何者なのか——と、採用された新人らは気にした訳だ。

「二次面接やってるのは菱沼と、あと部長だよ。女性はいない」

社長は追加で何人かに訊いてみたが、皆揃って面接室の同じ場所に、不詳の二人が座っていたことを話した。

「あの親子だよ。それならその場で言ってくれよって最初は信じなかったが」

英語の言い回しに〝部屋の中に象がいる〟とある通り、人は明らかな異常にこそ言及できないものだ。

「あんまり皆が言うもんだから。何だろうね――そういうことってあるのかね。何か気持ち悪くなっちゃってさ、俺は菱沼に訊こうとしたの。『あの親子、まだゴネてるの？』って。あいつ、長いことやりとりしてたみたいだったから」

菱沼は、ここ数日無断欠勤していた。

「ウチの人事部は菱沼だけだ。困るからとにかく形だけでも会社にきて面接してくれと」

一週間ぶりに出社した菱沼は、見るからに窶れていた。

「凄かったね。まるで地方のタコ部屋に半年放り込まれたみたいだった。『頼むから髭だけ剃ってくれ』って髭剃り買いに行かせて……したら気の利かない奴が刃が出てるカミソリ買ってきたから、『バカ！　だからお前は駄目なんだ！』って……」

刃物はとても渡せない気迫があった。

「菱沼は優秀な社員だ。功労者だし、僕の右腕だ。多少無断欠勤しようがクビはしなかったけど……」

菱沼は、面接はしたくないと言っていた。

自分の背後に、あの親子がいる気がして仕方がないというのだ。

人を派遣に流している盛田さんの会社では、問題になるのはいつも採用と労使交渉だ。これまでだって目を覆うようなトラブルなら枚挙に暇がない。菱沼という男は、それを乗り切ってきた。

社長は『どうしちゃったんだよ、お前……』と困惑する。

厭な予感がした。

「『菱沼、お前まさか』って聞いたけど、親子は健在なんだよね。うちに何度も電話掛けてくるんだから。『菱沼を出せ』って壊れたレコードみたいに」

菱沼を休ませ、成績の悪い営業を臨時の人事に仕立てることにした。

小島という大変できの悪い男だったが、怒られ慣れているのかあの母親からの電話攻撃にも全くへこたれていないようだった。

尤も、社長に言わせれば『小島くらいになると、自分が怒られてるってわからないんだ』と評価は低い。

採用もザルで、通してくる者は経歴書偽装、学歴偽装、国籍も怪しいとにかく問題が多く、社長は頭を抱えていた。

その小島が面接を通した男が、あの丑尾君だった。一次面接は母親同伴だったと、小島は喜々として報告した。

「僕はマジで自分の目ん玉が飛び出すかと思ったよ。あちこち頭を下げて回ってるうち、気付いたらあの丑尾が、二次まで進んでたんだ」

書類が通っただけで内定と思い込み、未だにそれを曲げないあの親子だ。そればかりか説明の付かない不気味さがある。二次面接など通った日には、どんな災厄があるかわからない。

社長は『俺も出る』と宣言した。勿論、丑尾君の二次面接にだ。

※

二次面接で丑尾君は一言も喋らず、代わって母が全ての質問に答えた。

同席した技術部長は呆れつつ、型通りの質問をした。「このとき使ったOSは何ですか？」など、技術的とも言えないような世間話である。丑尾母はこのような質問には答えられず、はぐらかす――「宅ではOSというものは買い与えておりませんので」。

社長はその様子を眺めつつ、どうすればこの親子と縁を切れるだろうかと考えていた。追い返すのは簡単だ。それで終わるなら苦労はない。この親子には、接触や連絡を禁じても尚、何か途方もない手段で嫌がらせを続けてくる危惧がある。

ここに来て、社長は新人達の話を思い出していた――面接室に現れたという、そこにいるはずのないこの親子。ならば、今この瞬間にも背後の隅にいるのだろうか？　本人を目の前にしても、その、生霊だかなんだかそうしたものが。

しかし社長はどうしても振り返ることができなかった。

そのうちに、丑尾母のほうから部屋の隅に向かってこう言ったのだ。

「菱沼さんには大変お世話になっております」

実は休暇中の菱沼に、連絡が付かないままだ。部屋ももぬけの殻。

ただ少なくとも、菱沼がこの場にはいるはずがない。

慌てて振り向くと、部屋の隅に菱沼がいた。座り方や佇まい、膝の上で折り目正しく握られた拳などの品の良さから、それは菱沼以外の何者でもないことは知れる。

しかし——透明なビニール袋を頭にすっぽり被っているのだ。

ビニール越しにギラつきいた目で母親を見返しているのがわかった。

窶れ切った蒼い顔、剥き出しのギラつきいた目、伸び放題の髭——。

社長は椅子から飛び上がった。

同時に母親も立ち上がる。しかしどういうつもりか、彼女は平然と歩いて彼の前に立ち、深々と頭を下げたのだ。

「今後ともよろしくお願い申し上げます」

※

社長は面接室から逃げ出し、菱沼に連絡を試みたが、付かなかった。

「母ちゃんを睨みつける菱沼は……今にもとり殺してやろうって風に見えたよ」

社長は、丑尾を採用することにした。一体どのような心境の変化があったものだろうか。

「あの母ちゃんは、あんな菱沼を見て顔色一つ変えなかったんだ……。だからこっちも考え方を変えた。不採用にするから嫌がらせされるんだ。採用しちまえばこっちから嫌がらせできるだろ……そう思ったんだが」

翌週には、社長はこの判断を酷く後悔することになる。

菱沼の郷里から連絡があったのだ。

「あいつは車の中でガス、吸っちゃったんだ。落ち込んだよ。死ぬほどに辛かったのかって。また『あのときゃ大変だったなぁ』って言いたかったんだけどな。何もかもどうでもよくなっちゃってさ」

経営など多かれ少なかれ、ピンチを乗り切って『よくやったな』と、仲間と笑うためにするのだろう。

菱沼は死後二週間ほど経過していた。

つまり面接のとき、彼は既にこの世を去っていたのだ。

「経営とかよりさ、何より人と会って話すのがもう嫌で嫌で。僕は後のこと、知り合いの社長に任せて経営から降りることにした」

丑尾親子はどうなったのだろうか。

「考えたくもねえや。でもあのときの菱沼の顔は……間違いないと思うね。あれは信用できる男だ。だからそっちはもう、菱沼に任せることにしたよ」

菱沼は亡くなっている。彼の無念に、社長は何を期待するのだろうか。

聞くだに丑尾親子は強敵である。ただのモンスターペアレントでは理解できない部分がある。

「幽霊なんて信じないけど、菱沼は別だ。僕は、菱沼という男を信じるんだ」

盛田元社長は、清々しいほどの顔で、そう述懐を終えた。

体育館

後藤君が中学生のときの話。

「もう二十年以上昔ですから。何年生の頃だったか、何の競技だったかも、ちょっとうろ覚えなんですが――」

おそらくバレーボールだったように思うと彼は言う。

体育館での、体育の授業終わり。

「先生がホイッスル吹いて、はい集合ーっ、て手を挙げたんですよ。そしたら一応みんな、まだワイワイ言いながらでも集まっていくじゃないですか」

お喋りに夢中な者もいるし、さっさと集合場所へ駆けていく者もいる。

バン、バン、としつこくボールを跳ねさせる生徒もいただろう。

揃いの体操服姿がぞろぞろと集まり終える頃には、館内もだいぶ静かになっている。

そして、先生が「よーし」と生徒達を見渡したのだが。
「……何かね、まだ誰かの靴がキュッキュッキュ、って鳴ってるんですよ。最初はさほど気にしなかったんですけど、もう僕達全員静かになっても、まだずっと」

キュッキュッキュ……。
キュッキュッキュ……。

おや、と不審に思った生徒らが周囲を見回すが、体育館には自分達の他に人影はない。
先生も連絡事項の説明を始めたものの、音が気になる様子で周りを確認している。

キュッキュッキュ……。
キュッキュッキュ……。

何だろう、何の音？　誰かバスケしてる？　と、後藤君達はざわつき始めた。
事態の異常さに殆どの生徒が気付き、動揺が広がりかけたところで、しかし上手い具合にチャイムが鳴った。

その瞬間、先生がホッとした表情を浮かべたのが印象的だった。


この体育館における不可解な事件は、実のところ、これだけではないという。

後藤君自身が確かに体験した事例は右記の異音のみだが、その他にも複数の友人達から、あくまでも噂として、幾つかの奇妙な話を耳にしたらしい。

曰く、真夜中に体育館だけ、煌々と照明が点いているのを見た。

あるいは曰く、体育館裏から濛々と黒煙が上がっているので、慌てて見に行ったが火元の類は存在せず、煙はほんの十秒ほどで風に流れて消えた。

またあるいは、曰く。夕方の部活帰りに、体育倉庫の頑丈な鉄扉が内側からガンガンガンガンと叩かれた。女子運動部員達は悲鳴を上げ、恐ろしくなって先生に開けてもらったところ、中には誰もいなかった。

など、など――。


そして後藤君によれば、中でも同学年の某君――ここでは仮に高橋君としておくが、彼が体験したという変事が一番印象深い、とのこと。

「……でも、僕は彼と直接友達って訳じゃなかったんで、又聞きになります。あんまり細かいところもわからないんですけど……」

その話は卒業後も同窓生達の語り草になっていた。

なのでもしかすると彼の地元では、ある程度広まっている話かもしれない。

「僕らが、三年生の夏休みのときです。体育館がヤバい、っていうのはもうみんな知ってましたから。中には夜中に忍び込んで、肝試ししようぜって奴らもいたんですよね」

※

高橋君とその友人二名は、蒸し暑い夏の夜、真っ暗な校門に集合した。

当時は学校のセキュリティも甘く、忍び込もうと思えば簡単に校内へ入ることができた。

門を乗り越えたからと言って警備員が飛んできたりはしない。

教員による宿直という役目も廃止されて久しい。

彼らは各々懐中電灯を片手に、易々と侵入する――。

真夜中の学校というのは、一種の異界である。

毎日当たり前に見ていたはずの風景が、ただ暗闇に沈んでいるだけで、まるで違う場所に見えてくる。思春期ならではの強がりで、平気そうな顔をしてズカズカ踏み込んでいったとしても、その内心は決して穏やかではなかった。

始めは単純な興味本位、「何か起きるかもしれない」という期待で集まったものが、いざ闇の中を歩き出すと、お互い「弱虫だと思われたくない」という幼稚な意地の張り合いに変化してゆくのだ。静まり返った校舎の横を抜け、黒々とした体育館のシルエットを見上げて、不気味だ、恐ろしい、と思っても口には出せない。

少なくとも、一番最初に逃げ出してしまうことだけは避けたい。

せめてもの気休めにお互いの足元を照らして、同じ愚行を犯す仲間の存在を確認しながら、彼らは進んでゆく。

やがて。

おい、何か音がしないか――と一人が言う。

……本当だ、する。中から音がする。

誰かいるのかな。つーか、誰かいるから音がするんだよな？
でもこれ、何の音？　……楽器？

——ビィイイイイイイイイイイイイイイイ……。

——ヴゥウゥウゥウウゥウゥウヴウゥヴヴゥウウウゥウ……。

彼らの感じた通り、それは酷く歪んだ弦楽器の音色のようでもあった。
少なくとも機械が発するブザーのような、電子的な音ではない。
抑揚がある。
……これ、ヤバいんじゃないか。と今更のように誰かが呟いた。
もう帰ろう。もういいじゃん、早く帰ろうぜ。
「いや……。俺、中が見たい」
怯える友人らを尻目に、はっきりそう宣言したのが高橋君だった。
持っていた懐中電灯で、無遠慮に窓から中を照らし始める。

窓ガラスは激しく反射し、彼らの視界を真っ白に灼く。

お前、バカ、やめろ！　と静止されても高橋君は聞かない。

「……おい！　誰かいんのかよ！　こんな夜中に何やってんだよ、警察呼ぶぞ！」

空いているほうの手で、彼はドンドンと壁を叩いた。

友人二名は呆気に取られ、一歩、二歩とその場から後ずさる。

体育館の窓には、ボールが当たってガラスが割れないよう、内側に格子が付いていた。

また、ガラス面の反射によって光量も失われている。

中の様子を窺おうにもかなり見通しは悪い。

だが――あまりにも異様な動きだったからだろうか。それは明らかに館内の奥のほうから、暗闇を滑るように接近して来るのがわかった。

濃紺の、女子の制服を着ている。この中学の生徒。

けれど両足をピタッと揃えたまま、レールの上を引っ張られているのかと思うほど一定の速度で、異様な鳴き声とともに、あっという間に窓の前まで来る。

――ウゥウヴヴヴァァアアアァァアアァアアア!!

「うわああああぁぁあぁぁぁぁぁッ！」

高橋君は鳥肌立つような叫び声を上げ、何を思ったのか懐中電灯で窓ガラスを思い切り殴った。鋭い音を立ててガラス片が弾け飛び、後ろにいた二人は、彼の周りにバッと血が飛び散るのを見た。

彼らの足は全速力で、その場から逃げ出した。

ヤバいヤバいヤバいヤバい、駄目だ駄目だ駄目だ駄目だ。

ちらりと見えた、あの制服姿の女の顔。

あの顔。

目も鼻も口も髪もない、ただの肌色の球。

※

「……地元では、〈のっぺらぼう〉が出たってことになってます。まあ他に、表現の仕方もないですから……」

後藤君が耳にした別のバリエーションでは、館内にいた〈それ〉も懐中電灯を持っており、高橋君達を照らしながら近づいてきた、という話もあった。

残念ながらどちらが正確なのかは、最早確かめようもない。

「で、気の毒なんですけど高橋君はそのときの怪我で、片目失明しちゃったんですよ。はね返ったガラスがまともに刺さったらしくて」

深い裂傷を負った右腕にも機能障害が残り、殆ど学校へ出てこなくなったので、結局進学したのかどうかもわからない。

一緒にいた二人の生徒も以降酷く口数が減ってしまい、この夜のことについては一度か二度、近しいクラスメイトに話したきりであるという。


この話を書くため、後藤君が改めて友人らに訊ねてみてくれたところでは、おそらく近年、いつの間にか体育館は新しいものに建て替えられており、元あった場所は別の小さな建物と、職員用駐車場になっているそうである。

「……ただね、何か、祠みたいなのもあるらしいですよ。駐車場の隅っこに」

彼の記憶ではそんなものを見た覚えはないので、つまり、体育館が取り壊されてから建立されたもののようだ。

考えてみればそもそも中学校の敷地内に、新たに祠を建てるということ自体、ちょっと聞いたことがない。

何か相応の理由があったことは確かだろう。

それが何なのかは、やはり、当時の学校関係者にしかわからない。

玉転がし

飲食店で働く、大島さんの話。

彼女の勤め先はマンションから徒歩で十分程度の距離にあり、ずっと歩いて通っていた。

「自転車を使おうと思ったことは、一度もなかったです。……そもそもうちのマンション、駐輪場にもお金が要りますからね。自転車駐めておくだけでお金取られるのって、何か、嫌じゃないですすか」


帰りはいつも午後九時くらいになるが、明るい街なので夜道が不安ということもない。

ただ、途中で歩道橋を渡る必要があり、そのときだけは若干緊張した。

「……狭い歩道橋なんで、前から男の人が来ると、どうしても少し警戒しちゃうんですよ。一回だけすれ違いざまに、胸を触られたことがあるから」

道幅はほんの一メートル足らず。

お互いに注意しなければ、肩がぶつかってしまうほどの狭さである。

そんなところで見知らぬ男とすれ違わなければならないのは、確かに不安だろう。

ましてや夜中のことだ。

「私が痴漢されたときに思ったのは、下手に騒いでここから突き落とされたらどうしよう、ってことだったんですね。だから大きな声も出せなくて、バーッと黙って走って逃げるのが精一杯――最悪ですよホント。あんな奴こそ落ちればいいのに」

以来、彼女は数分の遠回りをして横断歩道を渡るか、あるいは近くに人影がないかしっかり確認してから歩道橋に上がるの、どちらかにしていたという。


ある雨の夜のこと。

大島さんはいつものように仕事を終え、疲れた足で帰途に就いていた。

バチバチと傘を叩く雨音は段々強まってきており、既に足元はびしょびしょ。

こんな天候で遠回りをするのも面倒に思い、彼女は歩道橋のほうへと歩みを進める。

梅雨時期ながら肌寒い夜だった。

大通りを走る車の数は、妙に少ない。

道の左右に並ぶ色とりどりの看板も雨に煙り、やけに色褪せて見える。

早く帰ってシャワーを浴びたいなと嘆息しつつ、道の先の歩道橋に目をやると、その急な階段から何かが転がり下りて来るのが見えた。

「……何？　えっ？」

思わず足を止め、凝視する。

距離はまだ二十メートルほど離れていて、よくわからない。

だがどうやら、直径五十センチくらいの球のようだ——あれは、バランスボール？

いや違う。もっと重いものに見える。

——ゴロゴロゴロ、ゴロゴロゴロ……。


黒っぽいその塊が団子状に身体を丸めた人影だと気付いた瞬間、彼女は咄嗟に「ギャッ」と叫んで飛び上がった。

すぐにUターンして走り出す。

変質者だと思った。今になって考えると当然そんな訳はないのだが、そのときは「物凄いタイプの変態」に見つかってしまったのだと大島さんは思い込んだ。

捕まったら、何をされるかわからない。

「来るな来るな……！　バカ！　変態ッ！」

彼女は大声を上げながら、赤信号に気付かず横断歩道へ飛び出して、脇道から出てきた車に三メートルほども撥ね飛ばされた。

天地が何度も回る衝撃があり、大の字に倒れて、動けなくなった。

「……酷い話だと思いません？　怪我させられたんですよ私、あんな訳のわからない奴に。何か、ダンゴムシみたいな奴に」

幸い頭を打ったりせず、骨折もなかったのは、学生時代に新体操をしていたおかげではないかと大島さんは言う。

それでもあちこち打撲し、全治二週間程の怪我は残った。

「その後に私、自転車買ったんです。駐輪場代を払うのは癪だけど、もう歩道橋は見たくもないし……、万が一またアイツに追いかけられるようなことがあっても、今度はサッと逃げられるように」

なるほど。しかし——。

念のために、その人影が変質者ではなかったという確信はあるのか、と訊ねてみると。

「——あの、硬い階段を転がり下りて来たんですよ。もし人間なら、私より酷い怪我してなきゃおかしいし。というか、そもそも……」

彼女は口元を押さえた。

眉間の皺がそれまでの怒りではなく、少しだけ怯えたような形に歪んだ。

「……生きてる人間は、あんな気味の悪い顔で笑わないと思う」

峠ミッドナイト

「百キロ婆って話、信じる？」

朝尾さんがサラッと尋ねたのには訳がある。

彼が二十代も終わりの頃だったというから、もう二十年も前のことだ。

隣町に住む彼女を送った帰り、山肌に沿うスカイラインを愛車の中古四ドアセダンで家路を辿っていた。

夜十時を回り、他の車もぱったりと途絶えた。

「旧道だから。トラックやら殆どの車は下の海沿いの道か、バイパス通るし」

今でもこの道を好むのは走り屋だ。実際かつてはバイク乗りが訪れ、沿道には少数ながらギャラリーが立つこともあった。

それも時代が下り、二十年前の当時でさえすっかり下火になっていたのだという。

「んで、まぁ、轢かれた婆さんの幽霊が出るなんて噂があったんだ」

勿論というか、朝尾さんは信じなかった。度々通るその道で、おかしなことなどそれまで一度もあったことはない。

「そのときも、『ガスってるな』くらいではあったんだけど」

朝尾さんが調子よく夜の峠道を流していると、突然車が減速した。

急ブレーキのような制動ではなく、エンジンブレーキにしては強烈で、急にエンジンが重たくなったかのような。

故障だと思ったが車検を終えたばかりで、中古といえど走行距離もさほどでない。異音なり振動なり、前兆のようなものもなかった。

「車が壊れるときって、大体何かしら前振りみたいなのがあるじゃん？　ギアが入り難くなるとか、フケが悪くなるとか」

それはまるで昨今のＥＶの壊れ方、突然の死――しかし惰性なのか、完全に止まることはなく、歩くほどの速度にまで急激に落ちた後は、そのままのろのろと進み続けたのだそうだ。

※

車上で、彼は混乱していた。

いくらアクセルを踏んでもメーターは上がらず、スピードメーターの針は時速十キロの半分ほど、五キロ前後をぴたりと指したまま。

逆にアクセルを緩めても、それ以上に速度が落ちることはなかった。

上りである。惰性でそれほど進めるはずもないのだが。

(――なんだこりゃ)

ヘッドライトを反射する白い靄がゆっくりと前から後ろへと抜けてゆく。

一瞬混乱した彼も、『車両トラブル発生』と事態を飲み込んだ。

路肩に寄せて止めなければ、と彼は思わずハンドルを切ってブレーキを踏むが。

(???)

ブレーキが利かない。速度はぴたりと一定のままで、止まらない。

さすがに焦った彼は何度もブレーキを踏み込み――思わず振り返ると、背後から猛然と追い上げてくる姿があった。

二人の、痩せた老婆だった。

老婆は、テールランプを反射して真っ赤に光っている。

反射的に、彼は叫んでいた。

ハンドルを戻し、滅茶苦茶にアクセルを踏んだがスピードは変わらない。

ミラーを見ると、老婆二人は髪を振り乱し、頭を振りながら追ってくる。

時速五キロの世界。百キロには及ばないにせよ、婆にしては速いほうだ。

朝尾さんは叫びながらも、頭の半分は冷静なのか生存本能なのか、この先で峠のピークを迎えることを思い出していた。

そこを越えれば下りに転じる。下りならもう少しスピードが乗るかもしれない。

そこまでの距離は七百から八百。普段なら鼻歌の一節でもない距離。それが遠い。

道路脇のサインが、いじましいほどゆっくりと通り過ぎてゆく。

頂点まで残り百――靄の奥にもようやくその終わりが見えようというところまで来ても、老婆二人はぴたりと車のテールに喰いついていた。

「あああ～!　疲れんかよ、婆!!」

思わず悪態をつく。時間にして数分でも、老婆に走り続けられる距離と速度ではないだろう。手足も頭も振り回した、まともなフォームではない。一人くらいならたまたま例外的に体力のある老婆でも済むかもしれないが、二人揃ってなのだ。

目の前にゆっくりと上りの終わりが迫った。普段は意識もしないような斜度の変化を味わいながら、車は水平になり、やがて下り勾配へ。

やった——とそうスピードメーターを見るが、スピードは一定のまま、全く変わる気配もない。

バックミラーを見ると、老婆二人もぐるりと峠を越え、揃ってこちらに迫ってくる。

「何なんだよ！　ついてくんな!!　ババア!!」

彼はもう叫ぶのをやめ、力の限り悪態を言葉にする。

そのとき、朝尾さんは悪魔的な発想を抱いた。

（ギアをバックに入れてやれば……）

しかし彼は『駄目だ』と頭を振る。低速とはいえ、バックに転じるまでにはおそらくかなり間があるだろう。その間に、婆二人に易々と追いつかれ、四本の手が届いてしまう。

そうしたらどうなるか。

それよりも、この逃げるにしても追うにしてもあり得ないほどの低速である点に彼は着目した。

いっそ車を捨てて走ったほうが、これよりは速い。長距離はとても無理だが——。

「そのとき急に思い出したんだ。反対車線に、古～いドライブインの廃屋があったのを」

逃げる先が廃墟などあり得ない。冷静だったならば検討の余地すらない。

それでもそのときの彼は、背後に迫る老婆二人、その視線からさえ逃れることができれば何とかなると考えたのだそうだ。


彼は車のドアを開け、転がり出た。

思ったよりも衝撃があり足を大きく取られつつも、どうにか体勢を立て直し、走り出す。

全力で。

バカバカしいほどゆっくり走る自分の車を追い越し、じっとりとまとわりつく湿気を振り切って、叫びたいのを堪えながら。

振り返ると、車も、老婆もどんどん後方へ遠ざかってゆく。

愛車のドアは開いたままだ。

前方に、ヘッドライトが見えた。対向車だ。

「おおい！」

朝尾さんは手を上げ、思い切り助けを呼ぶ——しかし、前方に確かに見えた二つの明かりは、掻き消えるように見えなくなってしまった。

その代わり、前方の靄の中に浮かぶ自分の影が一層濃く、はっきりとする。背後が明るくなったのだ。

思わず振り返ると、眼前にヘッドライトが迫っていた。

自分の愛車だ。

ドアは開いたままだ。

運転席と助手席に二人の老婆が乗車し、ハンドルを握って頭を振っている。

衝撃とともに、彼は意識を失った。

朝尾さんを轢いたのは、無人の、自分の愛車だった。

「——ガードレールの間に挟まれて大怪我したよ。すぐ、対向車が助けてくれて命拾いしたけどさ」

愛車はガードレールに突っ込んだが、低速であったため大きな故障はなかった。

修理点検に際しても、駆動周りの故障は見つからなかった。

「気が付いたら俺は『サイド引き忘れて立ちションしてたら自分の車に轢かれた間抜け』って言われてて――」

二人の老婆のことも話したそうだが、彼の汚名が強すぎて返上には至らなかったという。

「たまにあるじゃん、自分の車に挟まれちゃう事故って。ああいうの、あんまり笑わないであげてほしいんだよナ」

ゴミの霊

団体職員の北里さんが、大学生の頃の話である。

「当時の私の足は原付で、どこへ行くにもブンブン乗り回してたんです」

田舎町に暮らしていたため、電車とは縁がなかった。

しかし高校生のときに比べると行動範囲は大きく広がり、自転車ではカバーしきれない。

「だから、友達も大体原付に乗ってましたよ。車を持ってる子はいなかったんじゃないかな……。通学は勿論そうだし、ちょっと遊びに行くってなったら、すぐにみんなでブインブイーンって走り回ってましたね」

何となく長閑《のどか》な景色に思えるのは、彼女の穏やかな雰囲気によるものだろうか。

空が開けた町を、列になって進む原付バイクが目に浮かぶ。

大学があったのは比較的市街地で、少し離れると季節によって色を変える田圃が、県道沿いに広がっている。途中にはレンコン畑などもあったそうだ。

北里さんの家はそんな風景の突き当り、つまり山裾にあった。

「ただ、山裾って言っても目の前の県道は割とお店も並んでて、田舎なりに便利ではありました。コンビニはあったし、古本やゲームソフトも買えたし……」

勿論、ファミレスもあった。経済力に乏しい若者の味方だ。

彼女はしばしば友人らと一緒に、その店の駐車場にずらりと原付を並べ、ドリンクバーだけで何時間も粘ったりもした。

ファミレスを出ればほんの五分足らずのところに北里さんの実家がある訳だから、そちらへ行けば良いようなものだが、それでは面白くないしくつろげない。「外にいる」ということ自体が、まだ楽しい年齢でもある。

「それで——私が沢ちゃんからあの話を聞いたのも、丁度その店でだらだら過ごしてたときだったんです。夏の頃でした」

※

「……あの山の奥？」

「そう。マリちゃんの家の前を通り過ぎて、ずーっと進んでった先。行ったことある？」

「う～ん、途中まではならあるけど……。一番奥の柏木さんっていう家から先は、何もないと思うよ。行き止まりじゃないかな」

「それがね、行き止まりじゃなかったんだって。普段は誰も行かないんだけど、もう一つ向こうの山まで続いてて。そこに、すっごい〈ゴミの山〉があるらしいんだよ」

サークルの先輩に話を聞いたという友人の沢井さんは、何か重大な秘密を掴んだかのように、鼻息荒く語った。とは言われても、地元民である北里さんは困惑してしまう。

「……えぇ？　私、十九年ここに住んでるけど聞いたことない。違う山でしょ」

「ううん、あの道の奥。ホントに。……何かね、実際は反対側まで山越えして行ける道なのに、ゴミで埋まっちゃってるから通れなくなってて。道路が塞がれてる状態みたいなの。ヤバくない？」

ヤバいどころの話ではない。

事実だとするとその山中には、とんでもない光景が広がっていることになる。

話半分——いや、尾鰭《おひれ》が全体の八割を占めているのではないか。

北里さんは呆れ顔で手を振って、この話を一笑に付した。

「あり得ないから。だったらもうとっくに、警察が来てないとおかしいでしょ。ニュースにもなってるはずだよ。不法投棄ってレベルじゃないよ」

「そう……、ニュースになったんだよ。十年以上前にね」

にやり、と沢井さんは不敵な顔をした。


彼女らが小学生の頃、奥の山にある大きな廃墟が話題になった。それはバブル期に建てられたというリゾート施設で、倒産してから久しく放置されていた。

——浜辺に打ち上げられた、死んだ鯨の処理に困るのと同様に、山奥に打ち捨てられた〈バブルの死骸〉は簡単には手が出せない。

その建物に、どこからともなくフラッと怪しい建設業者が絡んで来て、膨大な量の産業廃棄物を持ち込み、そのままトンズラしてしまったのだという。始めから計画的に、ゴミを捨てるためにその土地を利用したということである。

事態に気付いた地元民達は当然騒ぎ始めた。

ニュースになったというのは、この頃のことだ。

どうにか行政に動いてもらい、目ぼしい産廃は撤去してもらったものの、元々あった巨大な建物は手つかずのまま。不法に埋められ、どこにどれだけの量があるか不明な廃棄物の類も、まだ大量に残されている。

「でも、お上《かみ》もそんなに延々とお金は掛けられないから、結局は手を引いちゃったんだよ。そしたらまた、時々悪い人がゴミを捨てに行くようになってさ。折角どけたのにまた、どんどん溜まっていっちゃってるみたいなの。酷すぎない？　山のこっち側は結構お店もあって、人が住んでるから悪い人も通らないんだけど、反対側は道が何本かに分かれてるし、人目も少ないから、そっちのほうから捨てに行ってるらしいのね」

「……気になってたんだけど、沢ちゃん、なんでさっきから興奮してるの？　あなた、もしかして」

「へへへ……。ねぇ、マリちゃん。ちょっと明日、その〈ゴミの山〉を見に行ってみない？」

沢井さんは興味が湧いたら何にでも突進してしまうところがあった。

活動的なタイプというより、落ち着きがない。しかも怖いもの知らず。

この件についても「環境問題に関する写真が撮りたい」などと、一応の建前は用意してあったようだが、内心は単なる興味本位だろうとしか思えなかった。

「よりにもよって、ゴミの写真って。もっと奇麗なの撮りに行けばいいのに……」

「奇麗なものはどこにでもあるでしょ！　あんまり知られてない、珍しいものを見に行くほうが絶対面白いし、いい経験になるよ！」

「何が悲しくて休みの日に、わざわざゴミを見に行かなきゃいけないのよ。どうかしてるよホント」

日曜日の午前中。

ブツブツ文句を言いながらも——北里さんは、家の前まで迎えに来た沢井さんと一緒に、鮮やかな緑の巨壁にも似た山へ向かって出発した。

普段とは逆方向、こちらへはもう何年も行ったことがない。そもそも用事がない。

二台の原付バイクは軽快な音を立てながら畑の中を抜け、農家の脇を通り、小さな用水路を渡って、山道に入っていく。

ぎっしり茂った森の樹々が、涼しく揺れる日陰を点々と落としている。

苔むしたガードレールに導かれて、右へ、左へと曲がる道。

女子大学生二人、長閑な夏のツーリングである。

目的地が、不法投棄の現場でさえなければ。

――およそ三十分もの道程を経て、北里さん達は山を一つ越えた。

問題の土地が見えてきたのは、それから程なく。

前方の斜面を覆う緑の中に、チラチラと黒い人工物の痕跡が覗いていた。

森に埋まった廃墟だ。

「………」

少し、嫌な感じがした。

自分達とは違うもののテリトリーに侵入するような、一種本能的な警戒心を覚える。

彼女が無意識の内に減速すると、その横をブイイン、と沢井さんの原付が追い抜いていく。満面の笑みで、チラッとこちらを振り返る。

やれやれ無邪気なものだと呆れながら、仕方がない、さっさと見てさっさと帰ろう、と北里さんは思う。

更に幾つかの急カーブを越えて、二人はようやく件《くだん》の場所に到着した。

一本の広い脇道があって、鉄パイプのフェンスと、何枚ものコンパネで塞がれている。

この先に、さっき見えた廃墟があるのだろう。

「……入れないじゃん。つーか、ゴミとかないじゃん」

蝉の声が降り注ぐ中、沢井さんがガッカリした様子で言う。

しかし、それはそうだ。当たり前だ。

聞いた話が事実なら、丁度この辺り一帯にゴミの山が築かれて、今通ってきた道が塞がれていなければならない。果たしてそんな状況が放置されるだろうか。

おそらく昔、一時的にそれに近い惨状があったのかもしれないが、県なり市なり警察なりが対応して、既に解決したに違いない。全ては過去の話だったのだ。

二人は原付を停め、ヘルメットをかぶったままうろうろと周囲を歩いてみた。

フェンスに近づき脇道の奥を覗く。

そちらは元々割と広い道だったところに、両側から鬱蒼とした枝が覆いかぶさり、緑のトンネルになってしまっていた。アスファルトもひび割れ、雑草が生え吹いている。

じっとその奥を見つめる、沢井さん。

北里さんは溜め息をついて「駄目だよ。入らないからね、私」と釘を刺した――が、友人は首を振る。

「ううん。……あそこにいるの、人じゃない？」

「……えっ？」

その緊張した視線の先を追ってみれば、確かに、青々とした枝葉の陰に何か見える。

脇道の外側。草むらの中。

三十メートル以上離れているのではっきりとは言い切れないが、人間のような形をした白いものが立っている。

すう、と首筋に寒気がする。

「違うでしょ、多分……。看板とかじゃないの」

「違う。さっき動いたんだよ。手、挙げてた」

「やめてよ」

夏の日差しが温度を失い、ただ不快なギラつきだけを視界に落とす。

もう帰ろう、と言いかけて隣に向き直ると、沢井さんはデジカメを構えようとしていた。

「……駄目だって、沢ちゃん」

「………」

カメラを持つ手は震えている。横顔も強張っている。

数歩、北里さんはフェンスから離れながら「もう帰ろう、帰ろう」と声を掛ける。

——ピピッ、とシャッター音がした。

その瞬間「うわあ!!」と叫んで沢井さんは物凄い形相をこちらに向け、自分の原付に走っていく。つられて、北里さんも悲鳴を上げて走った。

二人は振り返ることもなくその場から逃げ出した。


「——いつものファミレスまで帰って、そこで、撮った写真を見せてもらったんです」

本心を言えば、北里さんはそんなものを見たくはなかった。

けれど沢井さんが、酷く興奮しながら突きつけて来るので、渋々確認だけした。

「……雑草だらけの薄暗い草むらの中に、確かに——白い、ボヤッとした人影がありました。片手をこっちに伸ばしてるみたいに見えました」

カメラを向けた途端、手招きしたんだよ、と彼女は言った。

冗談を言っている顔ではなかった。

「で、もうそんな写真消しなって言って。絶対よくないよって説得したんですけど」

沢井さんはぐずぐずと反論し、彼女自身かなり怯えているはずなのに、結局消去しようとはしなかったという。

北里さんは呆れてしまい、もう帰ると言ってファミレスを出たので、その日は気まずい空気のままお開きとなった。

※

その後、沢井さんは別の友人を連れて件の場所へ行き、脇道に侵入したらしい。

それを聞かされた北里さんは、どうしてそんな馬鹿な真似をするのかと怒り、詳しくは訊ねなかったので、何人で、どのような手段で行ったのか等は不明である。

やや青ざめ、疲労した様子の沢井さんはしきりに水を飲んでいた。

「……ホントにゴミがあるか、確かめたかったんだよ」

「確かめてどうするって言うの？　あの、変なのに何かされたらどうするのよ。いい加減にしなよマジで」

「……でも、ちゃんと写真は撮ってきた。本当にあったよ、あの道の奥に」

そう言って、デジカメの小さなモニターをまた、こちらに見せようとする。

腹立ち紛れに、北里さんはそれを押し返した。

「見ない」

「……お願い、見て。お願いだから。凄く一杯いるの、あそこ」

「やめて」

「ゴミの山の、あっちにもこっちにも。白いのが一杯立ってて」

「やめてってば……！」


以来、彼女とは疎遠になってしまった。

ファミレスにも来なくなったという。

大学で顔を合わせれば挨拶はするが、再び一緒にどこかへ遊びに行くということはなく、そのまま、縁が切れてしまったそうである。

川原

夏ともなれば海、山に続いて人気のスポットが川である。

海・山の両方の良さを備え、しかも駐車場や日影も近く、気楽さもある。

河野君もそうした理由で、川が好きだ。

彼は一人、車で山間の川を訪れた。自宅から車で三十分と近く、秘境というにはまだ入り口である。近くにはファミリー向けのオートキャンプもある。

「川原に下りて見たら、『ああ、これは丁度いいな』と思ったんですよ」

アウトドア仲間と来たのであれば、すぐに釣りだのBBQだのと急かされただろう。しかしこの日、彼は「ほんの下見の気分」を決め込んで、一人きりだった。

ゆったりとした川幅、せり出した樹々の木陰、小さな庭園のような岩の中州、清流のきらめき。

子供の遊び場でもあるのか、浅瀬には石を並べた小さな円形のダムのようなものが幾つか作られ、清流を抱き込んでいた。

「きっと近所の子供か、キャンプ客だろうなぁって」

それだけ良い場所だという証左だ。

川原には、平たい石を積み上げた塔のようなものもあった。

あまりにも良い場所を見つけたもので、彼はビーチサンダルに履き替え、川の中へ入ってみた。

ほんの浅瀬まで。先ほどの、石の円形ダムの一つを目安に進む。

水温が心地よく、思わず声が出る。

それにしても、家から遠くない場所にこんなスポットがあったとは。嬉しい反面、己の不明を恥じる気持ちさえ出てくる。灯台下暗しとはこのことだ。

(よし、今度皆に教えてやろう)

そう思って川から出ようとすると、なぜか片足が抜けない。

精々足首が浸る程度の深さだ。サンダルの下には砂利の感触があり、足を取られるような泥ではないはずなのに。

足の周囲には大きめの石が環状に並ぶ。足が入っているのはダムの丁度中央だ。

(子供の作った罠か何かかな)

屈んで、足首の周りを手で探る。

透明度の高い水の上から見る限りはそこに何もないのだが――河野君はギョッとした。

そこに、手のような感触があるのだ。それが自分の右足首をがっしりと掴んでいる。

ヒエッ――と、思わずその場に尻餅をつきそうになる。が、足首を掴まれていては上手く転ぶことさえできずに半端な姿勢で尻を水に濡らした。

「何だこれ……助けて！」

反射的に人を呼ぶが、見渡す限りには誰もいない。

大声を何度張り上げても、土手の上は車がビュンビュン飛ばす道だ。声が届いても折よく歩いている人間はそうそういない。

(そうだ、スマホ――)

彼は咄嗟に尻ポケットに入れたスマホを取り出す。

しかし、どこからか飛んできた石が当たり、彼はスマホを水中に落としてしまった。

「何だよ‼」

石の飛んできた方向を見るが、そこは物言わぬ石だけが敷き詰められた、川原だ。

見る間に、石が当たった手の甲が赤紫に変色してゆく。

「誰かいるのか⁉」

答える者はない。

その代わり、何もない空間から、ヒュッ――と小石が飛んできた。

思わず身体を縮める。小石は、彼のすぐ傍の水面に落ちて、存外ぼちゃんと大きな水飛沫を上げた。

見間違いではない。石は、確かに何もない空間から飛んでくる。

また、今度は右手のほうからヒュッ――ボチャン。

声を上げる間もなく左手のほうからヒュッ――ボチャン。

やめろ、と叫ぶ河野君の膝に、次の石がバチリと派手な音を立てて当たった。

瞬間、見えたその石は拳大の大きな石だ。重さもかなりあったことは、崩れ落ちるほどの激痛でわかる。

「い――痛え～っ‼」

ぶつかった個所からマグマが湧き立つような痛み。彼のアドレナリンは、これを打ち消すほどではなかった。

蹲《うずくま》って思わず身を庇《かば》うも、右足は水の中で掴まれて逃げようがない。

頭を庇わなければ。

ドンッと、肩に大きめの石が当たった。続けて肘、腰にも。

気付けば大小の石が矢継ぎ早に彼に向けて、方々から次々と投げかけられているのだ。

「も、もうやめてくれぇっ！」

懇願しつつ足を引くと、サンダルを置き去りにようやく足首の拘束を逃れた。

彼は這う這うの体で水から上がり、日に焼けた石のごつごつした痛みも構わずに川原を逃げ惑う。

投石は止んでいた。

彼がそれに気付いて一瞬足を止めると、またヒュッと耳の傍を石が掠めていき――。

《くるな》

と、石の軌道が起こす乱流に交じるように、短く人の声がした。

来るな、とその声は告げていた。

河野君は思わず振り返って川原を一望し、すぐ手近に石積みの塔があることに気付いた。

「誰が来るか!!　ばかやろう!!」

そう怒鳴って、その塔を蹴り倒した。

その瞬間、身体の至る所で点々と燻《くすぶ》っていた鈍い痛みが――スッと消えた。

どういう訳か、歩きづらいほどだった足の痛みもすっかり和らいだ。


どうしてそのとき痛みが引いたのかはわからない。人間、危険に直面すると脳内麻薬の作用で痛みを感じないとは言うものの、石を投げられているときは激しい痛みがあったのだが。

石積みの塔を蹴り倒したとき、何か契約のようなものが成立したように彼は感じた。

だが二、三日して、突然思い出したかのようにあの痛みが復活した。

彼は自力では運転もできず、親に連れられて病院に行く羽目になった。

右足首、脛、膝、腰、左の肩と上腕・下腕に重度の打撲――あちこちの骨にはヒビが入って、膝は骨折していた。

医師は開口一番「溺れた？」と聞いた。

「似てるんだよな。川で溺れると、流されてこんな風に骨折する」

背筋の寒くなる思いがした。

ともあれ、この骨折と打撲を丸三日我慢していたことは理解に苦しむと医師は訝しんだ。

「でもあんた、本当に溺れたんでないなら、警察に届けるべきじゃないか？」

医師はどうやら事件性を感じ取ったようだ。

違う、と河野君は首を振る。しかしあの川原での出来事を、何と説明したらよいか。

「あのねえ、河野さん。わたしゃ真剣に言ってるんだ、ふざけている場合じゃない！」

医師は突然そう怒り始めた。河野君のほうも、決してふざけているのではなかったが。

結局、彼はその川のことを誰にも話していない。

信じてもらえるとかもらえないとか、それ以前に問題があったのだ。

翌夏、彼は居間のテレビでニュースを見ていた。

バーベキューをしていた客が、増水した川の中州に取り残されたというのだ。

「あらあんた、これ、あの峠のところの、キャンプ場じゃない？　でっかい駐車場の——」

見れば確かに、ここからほど近くの、あの川沿いのオートキャンプ場だ。

川の形も、だいぶ増水して見る影もないが、はっきりとわかる。

あの川だ。去年、足首を掴まれたように拘束され、見えない何かに囲まれて投石された、あのとんでもない川。浅瀬とはいえ、頭に投石を受けて倒れれば命を落とす危険もあった。

これは偶然なのだろうか？　と考える彼の横で、母親が渋面を作って言った。

「あんた、何がそんなに嬉しいの？　人が大変だってときに」

河野君は驚く――『嬉しい』？

彼は少しもそんな風には思っていないのだから。

「よくそんな顔ができるわね」と、母親は不愉快そうに席を立った。

彼も慌てて洗面所に駆け込んで、自分の顔を見て――戦慄した。


「……だから、この話はしないことにしてるんですよ」

そう語る河野君の顔を見れば、納得する他ない。

彼は話の途中から、ずっと顔だけで嗤《わら》っていた。

それはもう、生まれたばかりの子供にしかできないような満面の笑顔で。

「なぜか、あの川のことを思い出すと、勝手に顔がこうなっちゃうみたいなんです」

ただ、彼の笑顔にはあまりにも強い力が働いているものか――輪郭も歪み、まるで――。

「別人みたいでしょ？」

申し訳ないと思いつつも、同意するしかない。

そこにある顔は、話し始めたときの彼とは、別人の顔としか思えなかったからだ。

行楽シーズン、川のレジャーには充分注意されたい。

重要事項説明／飲用水の供給状況

大きなガジェットを買ったつもりだったという。

三住さんが買った家は、田舎町の路肩に長らく放置されたガレージ付きの廃屋だった。田舎への移住を志向した訳ではなく、子供も成人し、別荘なるものに手を掛けてみたくなったのだそうだ。

「だからあんま山の中は避けた。ホームセンターに近くて、且《か》つ朝からトンカンやっても苦情が来ないとこで、イイ感じに荒れた家を探した。リフォームし甲斐があるなぁっていうね。そっちの手間は掛かったほうがいいからさ」

ＤＩＹし放題の大きなガジェット――その意味では手頃な物件だった。

道路に面した大きな二階建てのガレージがあり、砂利を敷き詰めた庭を挟んで奥まった位置に二階建ての母屋がある。母屋は無骨な増改築の痕が目立つものの、雨戸には更に板が打ち付けられており、一見しっかりした物件に見える。

周囲を生垣と立木に囲まれた廃屋。

「母屋《おもや》はかなり荒れてたけど、電気・水道も問題ない。ガレージの二階をちょっと片して拠点にしてさ。暫くは週末のたびに通って――」

そのうちに問題がわかってきた。

まずガレージの二階の住み心地が悪い。二階では異常な暑さに見舞われることが多く、下で作業しているときは異常な寒気に襲われる。あまりの寒暖差に眩暈がするほどだった。

そしてもう一つ――思いのほか隣人が近いことだ。

「――隣の、幸田って家だ。隣って言っても近くないよ。最初は色々親切にしてくれると思ったんだが」

幸田家は県道から細い私道を上った先の古い家だった。県道沿いの三住さんの別荘からすると、南のなだらかの斜面の上になる。

最初は庭先に工作機械の搬入をしているときだった。その男が生垣の向こうに立ってこちらを見ていたので、三住さんは軽く挨拶をした。

彼は隣人であるはずだが、間には休耕地が広がり幸田家は直接目に入らない。こうしてわざわざ出張って来なければ隣人だと意識することもなかっただろう。

幸田は亭主なのか倅《せがれ》なのか、不惑過ぎくらいで三住さんよりは一回り若そうだ。顎のない、逆さ瓢箪《ひょうたん》のような顔が印象的だった。

以来、彼はふらりと訪れるようになった。いつの間にか生垣の向こうにいて、作業のアドバイスなどをしてくれる。彼は何某かの職人なのだろうか、『そうやって草を刈ると根っこが残る』『根っこを潰すんだ』とか、カンナ掛けのコツだとか——三住さんは内心放っておいてくれと思いながらも、幾つかはなるほどと首肯する助言もあった。

「すぐ裏手が幸田の畑だ。野良仕事の合間なんだろうな、と思ったが」

田舎暮らしは人間関係が第一だ。廃屋同然の家をリフォームし始めた余所者を近隣が不審がり、偵察に幸田を差し向けた可能性は高い。

三住さんは最初のうちかなり警戒し、幸田の助言に従った。

「ただそれもあんまり頻繁になると『大きなお世話』だよな。こっちゃ半分以上は失敗をしに通ってるようなもんだから。隣人って言っても、すぐ隣に住んでる訳じゃない。わざわざ下りてきていちいち口出して来るんだもの」

それも単なる助言を超えて、指図に近いものになっていたのだという。

こうなると三住さんとしても面白くない。敢えて助言を無視し、ハウトゥーにないようなやり方を試すようになっていた。

「あいつがいると監視されてるみたいで落ち着かない」

そのうち、三住さんも幸田の扱いに慣れてきて、体よく追っ払う方法を見つけた。

これで三住さんのリフォーム作業は加速し、ガレージと庭はかなり良くなった。

しかしこれも長くは続かなかった。

暫くして、今度は体調に異変が現れたのだ。

「たまになんだが、手足が痺れるっていうか、感覚がちょっと遠いんだよな。怪我してても気付かなかったりとか」

思えばそれは、リフォームを始めた頃からある。幸田のせいで集中が削がれたせいだとそれまでは考えていた。

病気を疑いはしなかった。自宅にいる間は問題ないからだ。きっとあの土地の、やたらに寒かったり暑かったりする空気の淀みのせいだろうと彼は考えた。

「――それと夢だ。あの別荘で寝ると変な夢を見るんだ。短い夢なんだが」

夢の中で彼は歩いている。眼前に屋根付きの古い井戸が現れ、彼はそれを覗き込む。外見はごつごつした大きな石垣を不格好に積み上げた、酷く歪な井戸だ。しかし中を覗き込むと、そこはやや湾曲した、滑かな穴。

水音がして、彼は吸い込まれそうな感覚に怯え、夢は終わる。

時間にして僅か十数秒の短い夢だった。

その、見たこともない井戸が、不思議とすぐ近くにあるような気がするのだ。

「でもあの家に井戸はないはずなんだ。実際そんな痕跡、どこにもなかった」

※

あるとき長雨が続いて、三住さんが別荘を訪れるのが数週間ぶりになってしまった。

たったそれだけで庭の雑草は猛々しく勢いを取り戻し、整えた生垣は寝癖が爆発したようだ。周囲の立木の作る影は濃さを増し、湿気の籠もったガレージを開けるとトカゲやらヤモリが飛び出してくる始末。

母屋の様子は想像するだけで気が遠くなった。

そこへまたしても幸田が現れた。「言わんこっちゃない」と彼は、嘲笑《わら》う。

実は前回まで、雨のたびに勢いを取り戻す雑草に三住さんは手を焼いていた。そんな三住さんに幸田が「塩を撒け」と迫り、三住さんはこれを拒否した経緯があった。

なのにこの日、幸田は米袋のような茶色い大袋一杯にした精製塩を持参し、「これ撒けば終わるから」と言うのだ。

塩が効果的なことは三住さんも知っている――ただし、塩害になると取り返しの付かないことも。少量ならいざ知らず、目の前の大袋一杯の塩を撒いて、足りないとなったらまた幸田は次の袋を持ってくるだろう。塩は雨水に溶けて土地の性質を半永久的に変えてしまう。伝説では、かつて古代ローマがカルタゴを滅ぼすのに塩を撒いたとさえ伝えられる。

三住さんは再度この申し入れを断った。幸田はそれが気に入らなかったようで、「そんな耳学問じゃこの土地に負けるぞ」とよくわからないことを言った。

〝土地に負ける〟とはどういう意味か。三住さんは首を傾げた。

「あの井戸。もう見たよな」

幸田は、こちらを見据えてはっきりとそう言った。

「――井戸？　井戸があったのかい。そしたら聞いてるはずだがね」

この敷地内に井戸はない。幸田は、三住さんが井戸を〝見た〟というが、少なくとも見えるところにそれとわかる形では存在しない。

もしそれを見ることができるとしたら、夢の中でだけ。夢の中のことを幸田が知るはずはない。三住さんは夢のことを誰にも話していないのだから。

三住さんは幸田の言う意味を図り兼ね、暫く黙って考え込んだ末に「お茶にしようや」と提案した。

すると幸田はつまらなそうに「これは置いとくから、好きにしてくれ」と、サッと踵を返して畦道を戻っていった。

※

それを境に、夢の内容が変わったのだそうだ。

「それまでは井戸を眺めて終わりだったけど、俺がその井戸に塩みたいなのを入れるんだよ。ダバダバ～って。それだけじゃなく、変な液体も入れるんだ。瓶を、何本も何本も」

すると、彼は酷いだるさと寒気に襲われる。丁度それは、ガレージでしばしば体験する寒気とそっくりだった。

「起きたら汗びっしょりでさ、なのに寒気は起きてからも続くんだ」

さすがに異変を感じた彼は、精密検査を受けることにした。

「そしたら病気が見つかった。この、頸椎——首の辺りなんだが」

脊椎空洞症と呼ばれる病気だった。脊椎内に空洞ができることで、そこに髄液が流れ込んで神経が圧迫される。

例はあるが珍しい病気で、骨の変形が契機のことが多いようだが、詳しい発生のメカニズムはよくわかっていないらしい。

治療法もあるが、稀な病気でもあるため確実とは言えない。すぐに命に係わる状況ではないため投薬で様子を見る手もあると医師は説明した。

このこともあって、三住さんはあの物件との関わりを考えなければならなくなった。

「レントゲンを見て愕然としたよ——脊椎って、ごつごつ、ぎざぎざしてるだろ？　その中に、神経組織が通る空洞がある訳だ」

椎骨ひとつひとつは大きな椎体でぎざぎざした棘突起を持つ。それが垂直に連なって管状の構造を形成している。

「それが夢の中に出てくる井戸とそっくりなんだよ」

井戸というのは要するに土地に掘られた深い穴で、使わないから無視してよいものではない。水があるなら水質を、そうでなくともその存在を契約時の重要事項説明で通知されるべき設備である。

三住さんは仲介業者に問い合わせたが、業者も『把握していない』『知らないことを説明することはできない』と答えた。

しかし彼は確信している。

あの家には、井戸が隠されている。

重要事項説明／近隣住民に関する容認事項

趣味で別荘を手作りする——田舎に購入した廃屋のリノベーションに挑む三住さんは、ガレージと庭先を片付けて母屋の作業を始めていた。

母屋の様子が一見したよりも荒れていることは既知である。裏手へ回り込むと勝手口の下半分が破られ、そこから真っ直ぐ母屋の真ん中まで、床も壁も猛獣が暴れたようになってしまっていた。その痕跡はだいぶ新しく、仲介業者によるとおそらく最近山から迷い降りてきたイノシシだろうとのことだ。

そこから動物や害虫が侵入していた。害虫駆除業者によれば、母屋の半分ほど、主に増築前の古い部分で虫の被害が酷い。

駆除を業者に頼む傍ら、彼は自らの病魔とも闘う。幸い激烈な症状はなく、薬が効いている実感もある。病気があるからやめるのか、だからこそ続けるのか——その答えはすぐに出るものではなかった。

いずれにせよ、彼にとって目下最大の懸念は隣人・幸田である。三住さんは地域に馴染む努力もそれなりにしてきたが、そこに付け込むような隣人の振る舞いには嫌気が差した。

「幸田の家ってのは、よくわからないんだ。俺もそこに住んでたら自然とわかることもあるだろうが、週末に通うだけではな……」

どんな車に乗ってるか、いつ出かけるか、そうしたことから勤めや生活が知れる――しかし彼が車で出かける様子はなく、家族構成も不明。三住さんにとって幸田という男がどういう人間なのか、皆目わからなかった。

幸田家は県道から奥まった南側斜面の上にある。三住さんの別荘の周囲、生垣のすぐ向こうから斜面に沿って続く休耕田全部がどうやら幸田家の土地だ。

つまり土地の境界上、幸田家は三住さんの別荘の隣人に当たる。しかしながら普段は幸田家は視界に入らない。農道、農地を挟んだ先には雑木林や大きなクリニックの色褪せた看板が目隠しになっているからだ。

幸田は厄介な〝教え魔〟だ。彼も地元の人間である。この家の土地について何か知っている口ぶりなのだが――助言を無視する三住さんが気に入らないのか、妙なことばかり言うようになった。

害虫駆除が一段落し、久しぶりに作業に訪れた三住さんはまた庭の雑草が伸びたのに気付いた。

今度は母屋の、特に増築部分の周囲が酷い。腰を屈めて草むしりをしていると、この日も幸田が現れて、生垣の向こうから三住さんに「だから塩を撒けと言ったんだ」と文句を付けてきた。

そのうちにどこかへ行ったかと思うと、今度は白いプラスチックの大瓶を幾つか手に持ってきた。

聞けばこれは除草剤である。余っているのをやるからこれを撒けと言うのだ。

三住さんは絶句した。前回幸田が勧めてきたのは大量の塩であった。今度は除草剤とは。

——そんな顔するなや。ただの農薬だ。この辺じゃどこでもやってる。聞いてみろ。

幸田の言葉は到底信じられなかった。除草剤では是非もない。悪意がある。

「どうしてそんなこと言うんだ。それじゃ土地が死んじまう」

三住さんには、どうしてこの男が当然のような顔をしてそんなことを薦めるのか理解できない。幸田は「あんたの土地なんだからあんたの好きにしたらいい」と嘯くが。

「馬鹿にするな。いくら自分で買った土地だって、土の中のことまで好きにできる訳はない。あんたが思ってる通り俺は余所者だが、それくらいは弁えてるつもりだ」

三住さんがそう抗弁するのを、幸田は生垣の向こうで、とてもつまらなそうな無表情で聞いていた。

――あんた、知らんのか。この土地は死んだほうがいい。殺したほうがいいんだ。〝前の奴〟にも俺は言ったんだ。

付き合いきれない、と思った。いつも通りお茶休みを提案すると、幸田はプイと帰っていった。

※

三住さんは前から気付いていていた。

「――幸田はああしろこうしろとうるさいんだが、こっちが疲れたから『お茶にしよう』って言うとスッと帰ってくんだ。薦めても絶対来ない。これはこれで気分悪いじゃないか。

そんなに暇なら茶でも飲みながら思う存分講釈すりゃいいのに」

幸田は決してこっちの敷地には入ってこないのだ。

「奴の言った〝前の奴〟ってのも気になった。井戸のことも」

繰り返し夢に見る不格好な古井戸だ。三住さんはもう、それがただの夢だとは思えない。

そして幸田ははっきりと井戸について言及したのだ。あの後、三住さんは改めて幸田に井戸について尋ねた。しかし彼は、ニヤニヤ嗤ってはぐらかすだけだった。

重要事項説明に井戸のことが漏れていたのは、前の住人が隠していた疑いがある。

「害虫駆除を頼んだ業者にも聞いてみたんだが、井戸の跡は見なかったってさ。となると業者を入れてない増築部分が怪しい……」

ないはずの井戸。やたらに淀んだ空気。突然の難病。除草剤を撒けと迫る隣人。

そしてその隣人の言う『前の奴』とは、おそらく以前の所有者のことだろう。

「さすがに色々と不気味に思えてきてな、近所に聞いてみることにしたんだ」

案の定、聞き込みは難航した。余所者にとって、厄介事を訊き回ることは容易ではない。

彼は車で少し離れた場所にある直売所を訪れた。普段から年寄りが集まって噂話に花を咲かせているのに、彼が入って『あの～』と口を開くと途端に静まり返ってしまう。

老婆らは三住さんのことを知っていた。意を決してあの家の元の持ち主について尋ねると、近所の豆腐屋を紹介してくれた。

「『豆腐屋に聞け。月曜なら開いてるかもわからん』って。確かに、道沿いに店っぽいのがあるとは思ってたんだがいつもシャッターが下りてて、まさか営業してるとはな――」

どうやら月曜と木曜にしか営業しておらず、それも休みがちな商店であるらしい。彼は有休を取ってそこの老夫婦を尋ねた。

老夫婦は彼があの廃屋を買い取ったことについて、驚きや嫌悪感を隠さなかった。

三住さんは、幸田の口走った『前の奴』のことを尋ねたが、老夫婦は『昔のことは忘れた』という。そこで、自らの病気と井戸について話したところ、老夫婦はようやく語った。

「昔、元々その土地に住んでた一家が、敷地にあった古井戸を埋めようとしたんだ。ところがそこにトラブルが重なって」

老夫婦の口ぶりから察するに古くからあった井戸だ。現在の家屋が建つずっと前からあった井戸で、代々の住人はその井戸を恐れていた節がある。

子供の転落事故があり、当時の住人はそこを埋める決断をした。井戸を埋めるときは一定の手順――『井戸埋め祭』、または『水神上げ』という地鎮祭を行うのがよいとされている。

井戸の跡は崩落やガスが溜まるなどの危険がある。これは単なる儀式でなく、事故防止の意味で現在でも重視されるものだ。

ところがそのとき呼んだ神主が急病で倒れ、代わりの神主を探すのも難航した。

そこで地域の有力者の口利きで拝み屋と呼ばれるような人に白羽の矢が立つ。その人物は何度もその土地を訪れ丁寧に挨拶周りや下見をして、家主以外からもとても信頼されていたのだが、いざ水神様を上げる段になって——突然連絡が付かなくなってしまった。

「で、その消えた拝み屋が履いてた下駄が、その井戸の傍に揃えてあったんだそうだ」

井戸の中には勿論誰もいなかった。

インチキな拝み屋が逃げたと断ずるのは簡単だが、インチキならそれなりにそれっぽい儀式を執り行って済ませばよかった話である。わざわざ疑いが残るように姿を消した理由はわからない。

ただその拝み屋は周囲に『あの井戸に神様なんてものはとっくにおらず、別のものに乗っ取られている。非常に手間が掛かり、危険だ』との旨を零していたそうなのだ。

豆腐屋の夫婦は、それを知ってあの家に関わるのをやめたという。井戸に関する話も一切詮索を止した。そのため、母屋を増築して井戸を塞いだことは完成したあとに知ったそうだ。
その結論は、三住さんにとって意外ではなかった。
井戸は、やはり母屋の下にあるのだ。
そのことを近隣住民は知っていた。勿論、足繁く三住さんの元を訪れるあの男も。
幸田はこの土地を殺すよう前の住人にも言った、と口走った。
「それで俺は豆腐屋で、幸田って家についても聞いてみたんだ。『幸田の倅が妙なことを
言ってくるんだが』――って」
老夫婦の反応は『幸田の倅ェ？』というものだった。
幸田の家には、確かに未婚の一人息子がいる。しかし年齢はもう六十近く、病気のため
長らく入院しているそうなのだ。『難しい病気らしい』程度で、詳細はわからない。両親
は八十過ぎで痴呆が進んでおり、息子が退院したとしても両親のいる自宅には戻らないだ
ろうとのことだ。
隣の幸田家にいるのは、年老いた両親二人だけ。
なら、あの幸田という男は何者なのか。

※

三住さんのＤＩＹは、ようやく母屋の本格的な作業に取り掛かっていた。

イノシシによる被害を修繕したのに、この土地について重大な疑義が持ち上がってしまった。加えてこのところ、症状が悪化してきてもいた。

こうなるとここを手入れしても、理想の別荘は手に入りそうにない。土地も家屋もさっさと手放したほうが得策である。夢の終わりは突然やってくるものだ。

あれから幸田は現れない。皮肉なもので、ようやく自由に作業ができるようになったとき、目的のほうを喪っていた。

あの男は果たして何者なのか？　一歩もこちらには入ってこず、いつも生垣の向こうから一方的に話してくる男だ。

三住さんの手元には、幸田が持参した多量の塩と、除草剤の白いボトルがある。つまり幻ではあり得ない。しかしもう三住さんには、幸田がもう実在しない人物だという確信めいたものはあった。

一度として、あの男の横顔を見ただろうか？　あの瓢箪を逆さにしたような顔は、いつもこちらを見ているか、去るときの後ろ姿だけ。古臭い表現で言えば――『足はあるのか？』に近い。

三住さんから幸田家を訪れることも、数度考えはしたものの実行するつもりはない。しかしふと、母屋二階の、南側に面した窓からなら幸田家の様子がよく見えるのではないか――その考えに至った。

彼は二階への急な階段を半月ほど掛けて補修し、一部抜けていた踏板を補った。二階に上がってみると、全体がやや傾いたような感覚がありつつ、床や天井に問題はないようだ。

窓を塞いだ合板を剥がすと、案の定遠くに幸田家が見える――だが、その遥か手前、自分の家の生垣の外に立って、こちらを見上げる人影があった。

三住さんは息を呑む。幸田が現れたのだ。

幸田が真っ直ぐこちらを見上げているので、三住さんは仕方がなく窓を開けた。開かないように祈ったが、窓は簡単に開いてしまった。

「暫くぶりだね、幸田さん。入院してるって聞いたが、身体のほうは大丈夫なのかい」

こちらは二階。あちらは敷地の外。この距離が、思いのほか彼に余裕を与えていた。

幸田は、もうすっかり良くなったと答えた。

「そりゃ何よりだ。幸田さん、あんたには世話になった。俺のほうも身体がおかしくって、ここを手放そうと思うんだが、買い手が付かなくて困ってるんだ」

あと少しなのに勿体ない、考え直せと幸田は言う。

そこで、三住さんは考えていたことを実行に移すことにした。

幸田が帰ってゆくところ——あの男がどこへ帰るのか、ここからならしっかり見届けることができる。

「——積もる話もあるから、そこじゃ何だ。上がって、〝お、茶、で、も、ど、う、だ、い〟」

すると。

い、い、そ、れ、じ、ゃ、あ、一、杯、だ、け、お、邪、魔、し、よ、う、と幸田は生垣を掻き分けて——敷地に侵入した。

三住さんは戦慄する。

この言葉を言えば、幸田は帰るとそう思っていたからだ。

「あ……ああ、支度するよ」

上ずった声で平静を装いつつ、慌てて階段を駆け下りる。

玄関を飛び出し、庭に出たところで幸田と鉢合わせしてしまった。

「わ、悪い、その……実は、お茶がなかったんだ。また、今度にしてくれるかい」

なんだ、と幸田は薄笑いを浮かべていた。

じゃあまた来るよ、と幸田は踵を返す。

幸田は一瞬で後ろを向いた。

その間、文字通り瞬きよりも短い一瞬のことだ。ほんの最先まで、薄暗い廊下に立って
こちらに逆さ瓢箪のような顔を向けていた男が、次の瞬間にはもう後ろ向きになっている。

彼にはどういう訳か、横顔がないのだ。

彼が去ってゆき、三住さんは思わず彼の足を確認する。

足はある。しかし彼は、裸足だった。

※

「――それ以来、あの家には行ってない。行ってないんだが」

三住さんの井戸の夢は続いてた。

ただ歩いて井戸を覗き込む、ごく短い夢。

家の買い手も付かなかった。しかし病気のことを不動産の仲介業者に話すとかなり親身になってくれて、買い値とほぼ同じ価格で買い戻してくれることになった。

病気のほうは、物件を手放してから暫くして緩解したそうである。

彼としてはそれで元が取れて嬉しいとはならなかったが。

「まぁ、少なくともこれで古井戸があることは告知義務ができた訳だ。くれぐれもよろしくと頼んだよ」

問題は、例の隣人のほうだ。幸田の存在は告知されるべきだと三住さんは主張した。

不動産取引の重要事項説明書ではしばしば一番最後の項〝容認事項〟に整理されるところ――物件について特に認知するべき留意点をまとめた項目に、隣人について書けと申し入れたのだ。

業者は現地調査の上、『該当する隣人は確認できなかった』として、容認事項への記載を見送った。

怪談噺　まえ半分

谷さんがまだ高校生だった頃の話である。

「うちは、母と兄と私の三人家族だったんですけど……。でもまぁ、普通と言うか。特に大きな悩み事もなく暮らしてたんです」

経済的な余裕は少ない家庭だったが、彼女も年中アルバイトをして自分の小遣いくらいは稼いでいたので、大抵の欲しいものは買えた。

「私、高校卒業したら就職するつもりでしたから、進学用の貯金とかもせずに、パッと使ってましたね。だからむしろ、今より羽振りが良かったくらいかも知れません」

——一方、お兄さんは夏休み中のバイト代などをコツコツ貯蓄し、大学進学費用の半分ほどは、自ら工面したと言う。その預金通帳を見せられたお母さんが「どうもありがとう、ごめんね」と目を潤ませていた姿は、今でも鮮明に覚えている。

そのとき、谷さんは「凄いじゃん」とだけ言って、早々に自室に帰った。

「……正直、ちょっと気まずかったです。私は遊ぶお金にしか使ってなかったので。何となく、童話の『アリとキリギリス』を連想しちゃって」

あの話のようになるのは嫌だな、と思った。

せめて自分は、冬が来てもアリを頼ったりしないようにしよう——。

彼女は深呼吸をし、そう心に誓った。

開き直ったのではない。自分も最低限の備えだけはしよう、という意識を持ったのだ。

それは素直に言えば、お兄さんに対して、少なからぬ尊敬を念を抱いたからだった。

「自分の兄ですけど、カッコ良かったです。昔から母親思いでしたし、これからも親孝行していくつもりなんだろうな、と思ったんですよ……。そのときはね」

翌年の春。

お兄さんは家から自転車で三〇分ほどの距離にある、国立大学へ通い始めた。

元々が几帳面で、少しシャイなところもある人だったので、大学生になったからと言って途端に浮《うわ》つき出したりするようなことはなかった。

むしろ、制服を着ていた頃より生真面目さが増した印象。生活の端々に見える落ち着いた振る舞いは、学生というより、既に勤め人のようですらある。

それはそれで結構なことだが。

「……ねえ。お兄ちゃんってサークルとか、部活みたいなのには入らないの？　新入生はそういうのに勧誘されまくらない？」

「勧誘はされまくったけど、別に興味ないのが殆どだったな……。運動は嫌いだし、発表会みたいなのがあるのも苦手だし」

「ふーん……」

「でもまあ一応、折角だから入ってはみたんだよ——落研にね」

「……何？　オチケンって、落語？　思いっきり人前で喋る奴じゃん」

「うん。だから、苦手を克服するのに丁度良いかと思ってさ」

お兄さんは中学生の頃、勉強中に流していたラジオで何気なく落語を聞いているうちに、「話芸」というものに関心を持つようになっていた。

高い記憶力のなせる業か、定番の『饅頭こわい』や『目黒のさんま』『猫の皿』、あるいは『芝浜』といった噺は自然と頭に入り、いつの間にか覚えてしまっていたので、既に諳《そら》んじようと思えば可能であるという。

あまりに意外な決断に、谷さんは思わず笑ってしまった。

「それって、本気で言ってるの？　大丈夫？」

「やってみなきゃわからない。でもこの先就職して、何かをプレゼンしたりするときにも、落ち着いて喋れるようにはなっておきたいんだ。僕には必要なスキルなんだよ」

なるほど、度胸を付けたいという気持ちはわかる。

本人が大真面目に挑戦すると言っているのだから、応援するしかないだろう。

「……よし。じゃあ、まずは試しに一席聞いてみてくれ」

「……うん。わかった」

お兄さんがフーッと息を吐き、背筋を伸ばし、その場でスラスラと噺を始めた途端。

彼女はまた吹き出してしまった――。

パソコンの、読み上げソフトの物真似かと思ったからである。

※

落語は「台本を覚える」芸ではない。

話の筋から落ちまで客に知られている状態で、尚笑わせたり泣かせたりできるのは、尋常ならざる鍛錬と研究の賜物《たまもの》であり、更に加えて類型化困難なある種のセンスが加味されることで、噺家は自分だけの、唯一無二の話芸を獲得する。

これまでの人生経験がものを言う面も大きい。

若い、というだけで既に一定のハンデを負ってしまう。

そのような理由で、谷さんのお兄さんの挑戦はあくまでも彼自身の成長のため、人前で物怖じせずに喋れるようになるため、というだけのものになる、筈であった。


だが——。

実際には彼の落語は、「とんでもなく面白かった」らしい。

前述の通り無機質な、まるで機械が喋っているような淡々とした口調が、奇妙なおかしみを発生させてしまった、ということのようだ。

同期からも先輩達からも絶賛され、お兄さんは思わぬ喜びを得た。

求められるままに次々と色々な噺をやり、レパートリーが増える。

構内においてはちょっとした話題の人になり、練習を覗きに来る者まで現れる。

いささかの困惑を覚えながらも、彼は益々落語に打ち込んでゆく。

——思い出してみるとその頃のお兄さんは、毎日忙しそうにしていて、とても楽しそうだったと谷さんは言う。よもや本当に落語家になると言い出したらどうしよう、と、少し心配したくらいだそうである。

ただ、彼の演目は基本的に滑稽噺で、先輩らに「人情噺の類は向いてない」と評されていた。「それじゃ感情移入できないよ。ニュース読んでるんじゃないんだから」とも。

なるほど、瓢箪から駒も使いどころ次第、ということだったのだろう。

※

お兄さんは二年生になり、いよいよその名を他校にも知られるようになった。

そこで、やはり滑稽噺の他にも新味を出したい、と考え始めた。

泣きどころのある噺は難しいとして、残る落語の大きな柱と言えば。

勿論——そう、怪談噺ということになる。

彼は幾つもの台本を読んでみた結果、『もう半分』という演目に目を付けた。

それは、こんな噺だ。


ある注ぎ酒屋に毎晩、六十過ぎの客が来ていた。この老人は行商人で、いつも一合枡に半分、五勺の酒を頼み、それを美味そうに呑み終わると「もう半分」と言って、また五勺頼むのが習慣だった。およそ普通の呑み方とは言えず、店主が「どうしていつもそんな風に呑むのか」と訊ねてみれば、「こうやって頼むほうが勘定が安い。それに、量も多く呑んだ気になる」とのこと。それを聞いて、店主はヤレヤレしみったれた客だなとは思ったものの、一応客は客なのだし仕方がない。

そんなある晩、いつものように酒を呑んで帰った老人が、風呂敷包みを忘れて帰った。どうせまた明日も来るだろうから仕舞っておいてやろうと、店主がそれを持ち上げると、ずっしり重い。不審に思って開いてみれば、中には五十両もの大金が入っていた。

——この酒屋の夫婦は、それを隠した。

すぐに老人が慌てた様子で戻ってきて、包みを返してくれ、あれは娘が吉原に身売りして作ってくれた金なのだと泣いて頼んだのだが、店主らは頑として「そんなものは知らぬ」と言い張った。

絶望した老人はそのまま、店を出てすぐ、橋から身を投げてしまった。

さて、酒屋夫婦はこの金を元手に大きな店を開き、恵まれた暮らしを始める。身の回りが整ったおかげかすぐに子宝に恵まれ、妻は赤ん坊を出産した。

その赤ん坊の頭が、白髪であった。

嬰児にしても多すぎる皺が刻まれた顔は、あまりにもあの、行商人の老人に似ていた。

妻は恐ろしさのあまり臥せってしまい、結局そのまま亡くなってしまった。

赤ん坊とともに残された店主は、酷く怯えながらも「死んだ老人を供養するには、この子を育てるしかない」と考え、乳母を雇ってどうにかその子の世話をしようとするのだが、なぜか雇った女達は次々に辞めてしまう。いずれも、一日ともたない有様。

女だてらに肝が据わっていると評判の者を雇い入れてみたが、これもまたひと晩で辞めると言う。店主がその理由を問い詰めると、真っ青な顔で「私の口からはとても言えません。どうぞ、ご自分で確かめてください」と言い捨て、逃げ帰る始末。

その夜。新たに雇った乳母と赤ん坊が眠る部屋の隣で、店主は何が起こるのかを待った。

どちらもすっかり眠りに落ち、丑三つ時にもなる頃、寝ていたはずの赤ん坊がムクリと起き上がって布団から這い出すのを店主は見た。

小さな小さな手に茶碗を握り、行灯《あんどん》の傍の油さしに近づいていった赤ん坊は、そこからそろそろと油を茶碗に注いだ。

そしてぐびり、ぐびり、ぐびり――と、実に美味そうに呑み干す。

恐怖と怒りに動転した店主が、「……おのれ爺、迷い出やがったなッ！」と、襖を開け放って飛び込むと。

老人の顔をした我が子はこちらを向いて、茶碗を差し出し。

「――もう半分」

部室内の高座を観覧していた女子学生達からは、「ヒイッ」と幾つもの悲鳴が上がったそうである。

谷さんのお兄さんの語り口は、この演目にピッタリと合致したらしく、中には「実話のように聞こえる」という評まであった。つまりある種のドライな態度――恐ろしい目に遭っている人間を他人事のように突き放したまま語る様子が、上手く嵌ったに違いない。

そしてこれを持ちネタにした辺りから、お兄さんの様子が少しずつ変わり始めた。


お母さんが作ってくれた夕飯を、頻繁に残すようになる。

週に何度かは家の風呂に入らず、わざわざ銭湯へ出かけていく。

家族との会話が減り、顔を合わせるのを避けているようにも見える。

不審に感じた谷さんが話しかけてみても、「疲れてるからだ」「別に何でもない」と、そっぽを向いて答えるばかり。

何でもないはずはない、どうも行動がおかしいと思う内、ついに数か月が過ぎる頃には、お兄さんは特にお母さんに対して、あからさまな拒絶反応を示すようになってしまった。

お母さんが触ったものを、まるでウィルスが付いているかのように嫌がる。

いつも苛々した様子で話しかけられても無視する。

大学から帰宅後は、自室に鍵を掛けて出てこない。

明らかに異常だ。

「……お兄ちゃん、私なんだか怖いよ。マジでどうしちゃったの？　お母さんのことが嫌いになったの？」

「………」

「ねえ……、ねえ！　さっきお母さん泣いてたよ、もう酷いことするのやめてよ！　言いたいことがあるなら全部ちゃんと言って！」

「………」

谷さんがドア越しに話しかけても、一切返答はない。

急速に壊れていく家庭の空気の中で、彼女はただ泣くことだけしかできなかった。

※

家の中に異臭を感じ始めたのは、冬に入って少しした頃。

夏場なら湿気が籠もっているのかとも思うが、冷気の中に嗅ぎ慣れない臭いがあったので、殊更違和感があった。

生臭さとしては魚のそれに近い。

だが鼻の奥には腐った果物のような、甘ったるい気配も残る。

換気は億劫な季節だが、放っておくと段々濃くなってくる気もして、谷さんは頻繁に廊下の窓を開けざるを得ない。

一方、すっかり精神的に参ってしまったお母さんは、暗い顔でぼんやりとテレビを眺めていることが増え、この異臭にも特段反応を見せなかった。

「お母さん……、こっちの部屋まで臭くなってる。窓開けたら？」

「……えっ？　ああそう、ごめんね……」

生返事に感情は乗っておらず、炬燵に足を入れたまま。

谷さんは苛立ち半分、心配半分で「もう……！」と居間の窓を開けてやる。

——お兄さんの態度のせいで、お母さんまで変になりかけているじゃないか。何もかも滅茶苦茶だ、と彼女は思っていたのだが、本当のところは彼女自身も普通の状態とは言えなかったようである。

なぜか谷さんは、臭いの原因を一切探ろうとはしなかった。

嫌だな、臭いなと感じてそれに対処はするけれど、そもそもそんな臭いがするのはおかしい、という考えまでは至らない。生ゴミが転がっている訳でもなく、一応は掃除もしている家の中に、ただ臭気だけが発生するはずはないのに。

やがて学校の友人にまで「制服から変な臭いがする」と言われるようになって、ようやく彼女は「このままじゃ困るな」と思った。

春になれば高校を卒業する。

そうしたら、ここを出て行こう。そうだ、それが良い。

無理してこんなギスギスした家にいる必要はない。

将来的にはお母さんにも来てもらって、二人でどこかのアパートに住めば良い。

お兄ちゃんのことは、もう放っておこう——。


真夜中過ぎ。

コンコンコン、コンコンコンコン、とノックの音が聞こえて谷さんは目を覚ます。

「……はい？」

寝ぼけた声で返事をしたが、自室のドアは開かれない。

何よ……、と寝返りを打ってまた眠ろうとすると、コンコンコン。

「……はーい？　何？」

こんな時間にどうしたのかと身体を起こし、そこで、少し音が遠いことに気付いた。

叩かれているのはこの部屋のドアではない。

廊下の奥。お兄さんの部屋の、ドアだ。

一体どうしたのか。とうとうお母さんが、お兄さんに直談判に行ったのか。

谷さんはベッドから降りて聞き耳を立てた。

そっとドアを開けて、廊下の様子を窺う。

——真っ暗な家の中はもう、静かになっている。

顔を出してお兄さんの部屋のほうを見てみたが、そちらには誰もいない。

お母さんではなかった——ということは、お兄さんが自分で、自分の部屋のドアを内側からノックしていたことになる。

「……バカじゃないの」

谷さんは悪態をついてから、またベッドに潜り込んだ。

やっぱり早く家を出よう、と思った。

真夜中のノックはそれからも不定期に、何週間かおきに繰り返されたという。

何度か、やかましいッと怒鳴り込んでやろうかとも考えたが、こんな行動を繰り返しているお兄さんには当然不気味さも感じる。下手に関わっては危険な気がする。

となれば、頭から布団を被ってやり過ごすしかない。

長いようで短い数か月が過ぎ、桜が咲き始め、彼女は待ちに待った新社会人となった。お母さんの知り合いに紹介してもらって地元の食品加工工場で働くことになり、幸いにも社員用のアパートまで準備してもらえた。

会社の採用担当者に「ちょっとその、香水だけは控えてもらえるかな。うちは食べ物を扱ってるからさ」と言われたときはヒヤリとしたが、家を出られれば臭い消しの必要もない。

息が詰まるような暮らしから、ようやく解放される――。

「……アイツが大学卒業して就職したら、お母さんも家を出てよ。それか、アイツを家から追い出してほしい。そしたら私も戻ってくる」

「アイツなんて言わないでよ。機嫌が悪くても、お兄ちゃんなんだから」

「機嫌がどうとかじゃないでしょ。変だからね、あの人。落語やり始めて頭がおかしくなったんだよ」

「そんな風に言うのは駄目よ。本人も頑張ってるんだし……」

「は？　……何を？　こっちはアイツのせいでメンタルぼろぼろで、本ッ当に迷惑してるの……！　ずっと我慢してきたの！　お母さんも現実見てよ、無理だよもう！」

谷さんの吐露に、しかしお母さんは悲しそうな顔でうつむくばかり。

いくら説得しても埒が明かず、彼女は半ば諦めるように引っ越しをした。

実家を出る最後の日に、大学から帰ってきたお兄さんと廊下ですれ違ったが、お互いの顔を見ることもなく、会話もなかった。

ドアを開け、自分の部屋に入っていく彼。

黙ってリビングに行こうとしていた谷さんは、ふと視線を感じて振り返る。

するとお兄さんが半身の状態で、うつむき加減にこちらを向いている。

「…………」

ややあって、彼はパタン、と静かにドアを閉めた。

彼女の見間違いでなければ、だが――そのドアの真ん中には見慣れない、難しい漢字が書かれた大きな御札が貼ってあった。

※

古いながらも2Kの、充分な広さのある新居に住み始めてすぐ。

一通の封筒が集合ポストに届いたので差出人を見てみると、お兄さんの名前である。

抓んでみると中身は薄いが、少し硬い。

そのまま捨ててしまおうかと思ったものの、何となく胸騒ぎがして谷さんは封を切った。

するとそれは、折れ曲がらないように厚紙が同封された、大きな御札であった。

「……ふざけんなよ」

彼女はそれをぐしゃりと丸め、ゴミ箱に投げ込んだ――。

なぜかそれが、自分に対して向けられたもののように感じたからだ。


谷さんは現在に至るまでお兄さんと口を利いておらず、とっくに就職しているはずだが、何の仕事をしているのかも知らないという。

お母さんとは時々話をすることもあるが、実家には近づかないようにしている。

「――結局、まだ一緒に暮らしてるみたいですからね。母は、私より兄を取ったってことです。……確かに、女親は息子を選ぶって聞いたことありますから。だったらまあ、仕方ないなって」

一点だけ気になることがあるとすれば、お兄さんが件の御札を送り付けてきた理由だが。

「それも今となっては、わざわざ訊くほどのことじゃなくて。関わりたくない気持ちのほうが強いので、あんまり考えないようにしてます」

このような経緯で、彼女の家は壊れた。

ただ高校生の頃に強く感じた「キリギリスになりたくない」という気持ちだけは現在も残っており、散財もせず、一人で慎ましく暮らしているという。

怪談噺　うら半分

「――松村さん、と仰《おつしや》いましたっけ？　すみませんが、妹とはもう何年も連絡を取ってないんですよ。あいつが何を喋ったのか大体検討はつきますけど、そういうのは全部、全部うちの家族の問題ですから。放っておいてもらいたいです」

「ええ、そうですよね。突然妙なお電話をしてしまいまして、本当にすみません。自分は部外者ですし、差し出口をするような意図は、一切ございません。お兄さんを煩《わずら》わせたい訳ではないんです。ただ仕事柄、確認可能であれば確認を取らせて頂くというのが大事なものですから」

「……確認って、うちに来るんですか？　いやそんな、それはちょっと困りますよ。急に見ず知らずの方に来られても、対応できないです」

「いえいえ、そんなつもりも毛頭ありません。こうしてお話して頂けるだけで充分、充分なんです。このお電話だけで充分です——夜分のお忙しい時間に、大変恐縮です。本当に、申し訳ございません」

「……いや、ええ。はい」

「本当にすみません……。ほんのちょっとだけ、何点か確認をさせてください。それだけです。それ以上のご迷惑は決してお掛け致しませんので」

「…………」

「——お兄さんは大学時代、落語をされていたと伺いました。今も何か、そういった活動は続けておられるんですか？」

「いえ……、あれは部活でしたから。卒業してからは一度も」

「そうですか、それは残念だな。かなりお上手だったそうで、大学でも評判になられたんですよね。私は、普段そんなに落語を聞く訳ではないんですけど、時々昔の名人の古典を観たりはしておりまして、やっぱり凄いなぁって感心したりするんです」

「はあ、そうですか……」

「私がやってる実話怪談という仕事も、実は落語から大きな影響を受けているんですよ。

と言うのも、落語には〈サゲ〉、所謂〈落ち〉の概念があると思うんですが、これはそのまま怪談の書き方の、一つの形式として継承されてるんですね。要は、最後の一行二行でゾッとさせる、というやり方で」

「……ああ、はい」

「いや、こんなのは釈迦に説法か。申し訳ありません、お兄さんが得意にされてたという『もう半分』なんかは、まさにこのタイプでしたよね」

「……ちょっと、僕──」

「私もこれまで一応、勉強のつもりもあって有名どころの怪談噺は聞いたり読んだりして来たんですが、こう、何と言うんでしょう。『四谷怪談』や『真景累ケ淵』なんかは正直、ある程度こちらから身を入れて聞かないと、怖い、って感じはしなくて。噺家さんの演技は凄いな、目に浮かぶようだなと思いますが、別にゾッとしたりはしない。登場人物がもう、キャラクターとして定着しちゃってるからでしょうかね。でも一方で『猫定』は、なんだかんだで感情移入してしまうんです。うちに何匹も猫がいるからかなぁ。……『猫定』はご存じですよね？」

「ええ、化け猫の……」

「そうそう。あれの場合は怖いというより、こんなに賢い猫が可哀想だと思って、何か動物モノのファンタジー的な気持ちの入り方になるんですけど。でも、面白いですよね。……あとは、古典の怪談と言ったら——そうだ。『牡丹灯籠』がありました」

「ありますね。あれは長いので、一本丸々というよりは分割されてることが多いですが」

「ええ、ええ。亡霊と恋をして、憑かれてしまって。このままじゃ死んでしまうというので、和尚さんに御札を貰うんですよね。で、それを家中の戸に貼って辛抱してたけど、えぇと……。何だったかな。外でずーっと幽霊が泣くから可哀想になって、結局剥がしてしまうんでしたっけ」

「いや、そのパターンもありますけど、金に目がくらんだ伴蔵が御札を剥がすというほうが一般的じゃないですかね。そこから『栗橋宿』に続いていくので」

「ああ、そうですね。そうですそうです、そうでした……」

「…………」

「失礼しました。話が逸れてしまって申し訳ありません。ええと——妹さんから伺ったお話なんですが。……当時、どうもそちらのお宅で異臭がしていて、でもその原因がわからない、というのがありました。そのせいで体調不良も感じていた、と。お兄さんは如何《いかが》でしたか？」

「……いえ。僕は、そんなには」

「そんなに、ということは多少臭いがしたけれど、気になるほどではなかった、という感じでしょうか。お母さんも？」

「母も……、確かに違和感はあったようですけど、具合が悪くなるほどではなかったと思います。そんな風に言ってたのは、妹だけです」

「なるほど。ありがとうございます。それではノックについては如何でしょう？　夜中に何度も戸を叩かれた覚えは、おありですか」

「……あの、これって強制じゃないですよね？」

「勿論です。そんなつもりは一切ないです。ご気分を害しておられたら、本当に申し訳ありません。……ただ今現在、私の手元には妹さんから伺ったお話があって、それを所謂実話怪談として、書かせてもらおうとしている状況です。そちらのお宅がどこだとか、何の仕事をされている方だとか、個人の特定に繋がるような要素は一切伏せさせて頂くのがこちらのルールです。もう十何年もの間、私はそうやって何百話ものお話を書かせてもらってきました」

「………」

「ただ、お兄さんが大学生のときに落研に所属していて、『もう半分』を得意としておられたことは、他に書き換えようがありません。この点については何卒、ご了承を頂けませんでしょうか。誰かを悪く書くとか、そんなような内容には絶対しませんので」

「……まあ、わかりました。どうしてもと言うなら、そこは結構です」

「ありがとうございます。心から感謝申し上げます。……では、その上でなのですが――」

「お兄さんは本当のところ、何に怯えていらしたのですか」

「………」

「ご自身のお部屋のドアに御札を貼ったのは、まさしく牡丹灯籠の『お札剥がし』の章を参考にされたからではないのですか。そして普通に考えると、何かから身を守ろうとするなら、家の玄関に貼るのが一般的なはずだと思います。でも、お兄さんは自室に貼っておられた。どうしてでしょう。……もしかしたら、それはもう〈家の中にいるから〉だったのではないかなと、私は思ったんです」

「………」

「先ほども申しましたように、もし言いづらいようでしたら、無理にお訊ねはしません。ですが、まだ妹さんの視点でしかお話が伺えていない。半分だけしかお話が聞けていないんです。妹さんは、電話をしても兄が出るから期待できないだろう、と仰っていました」

「……兄が出るって。僕は妹を心配してましたよ、ずっと」

「わかります。だからこそ、家を出た彼女に御札を送ってあげたんですよね。でも、谷さんはそれをすぐ捨ててしまいました。せめて一言、何か言い添えてあげれば良かったのかも知れません」

「くそっ。でも無理ですよそんなの、妹に言ったたって仕方がない。僕達にはどうしようもなかったんだから」

「何がですか。……お母さんを、ですか」

「――母は、昔から僕にとても執着するタイプでした。よくあるタイプの教育ママです。

小学生の頃からずっと塾通いをさせられて、進学先も母親が決めたようなもので。子供はそういうものだと思ってたから、僕も言われた通りに勉強してきたんです」

「……なるほど」

「妹のほうは、放任されていました。将来についてもそんなに心配はされてなかった。でも僕は、このレールを外れると生きてはいけない、という育てられ方でした。……大学に入って、少し時間に余裕ができた辺りで、そんな自分の環境に疑問を持ち始めたんです。うちの母は、典型的な子離れできないタイプみたいだ。このままだとお互いにとってよくない。段階的に距離を取ってゆくべきだろう、って」

「はい」

「でも――母は、僕が〈外で食事をしてくるから〉と言ってあっても、晩御飯を作って待ってたり。変な奴と関わると困るから、大学でできた交友関係のリストを作れと言ったり。先輩後輩を含めた落研の部員達全員の、名前も電話番号も把握してないと気が済まないくらいだったんですよ」

「なるほどそれは……、確かに、あまり普通とは言えないかも知れませんね」

「ええ、おかしかったんです。距離を取るどころか、一層束縛が強くなってきたのを感じたから、僕は思い切ってはっきり母に言いました。このままじゃ、母さんのことが無理になる。そろそろ子離れをしてくれないと、嫌になってしまう、って」

「…………」

「……逆上されるのを覚悟で言ったんですが、そしたら母は、黙っていつも通り家事をし始めました。要は、何も聞かなかったことにしたんです。なので、ああこれは話し合いができる人ではない、と判断して」

「……物理的に、会話を避けるようにされたと」

「そうです。それしか方法はなかった——当然苦しかったですよ、自分の母親を無視するなんて」

「それから、三か月くらい経った頃でしょうか。大学から帰って部屋に戻ると、そこに、母が立っていたんです。思わず〈何してるんだよ〉って声を荒らげたら、その母は無表情に僕のベッドに横になって、消えました。……フワッと、布団と同化するみたいに」

「……同化」

「僕はもう、滅茶苦茶鳥肌が立って、頭も混乱して。家から飛び出そうとしたときに、丁度買い物から帰ってきた母に、玄関で出くわしたんです。母はビックリしたような顔でこっちを見るから、それがまた恐ろしくて、僕は自分の部屋に逃げて帰って」

「なるほど……」

「本当はすぐにでも家を出て行きたかったんですが、そんな経済的な余裕はありませんから――気休めに近くの大きな神社で御札を貰って、ドアに貼りました。極力、母とは顔を合わせないように暮らして、食事も全部外で済ませて。その後、夜中にドアをノックされて、もしかすると妹かもしれないと思って開けてみたら、誰もいなかったということがありました。なので、夜はイヤホンで落語を聞きながら寝ていました」

「すみません。お兄さんは妹さんに、そういった話を一切しておられませんよね……？」

「そんなの、できる訳ないでしょう。ずっと見てたらわかりますよ。僕には異常でも、妹にとっては普通の母親なんです。もし僕が、母の生霊に怯えてるなんて話をしたら、どうなりますか……。妹も、母も、それまでの普通の関係じゃいられなくなるでしょう」

「それは。……いや、それじゃあ、お兄さんは全部一人で抱え込むことに」

「僕が心配したのは、僕に拒絶された母が、妹のほうに執着を向けてしまうことでした。なので本当は、彼女の部屋にも御札を貼りたかったくらいなんです。ご存じかも知れませんが、妹は根は明るいけれど、打たれ弱いところがあります。中学生の頃には、メンタルを病んでしまったこともある。なので母親が妹を束縛し始めないかという点だけ、ずっと気を付けて、聞き耳を立てていました」

「…………」

「最初に、異臭のことを訊ねられましたけど。僕の部屋にだけは、あの妙な臭いは一切入ってきませんでした。だから多分――あれは、母親から出ていた臭いだと思います」

「――今日、お電話を貰って良かったですよ。踏ん切りがつきました。明日にでも、僕のほうから妹に連絡しようと思います」

「えっ。……それは、どのような」

「今、松村さんに話したことを話します。あのときはこうで、だから僕はこうした、って」

「だ、大丈夫なんですか。それで、ご家族に問題が起こってしまうようなら――」

「いやいや。問題はもう起こって、終わった訳ですから。何年も掛かりましたけど。実は僕、来年結婚する予定なんです。相手の女性は母にも紹介済みで、できたら結婚式には、妹にも来てほしいと思っていたので……」

「えっ、そうなんですか。それはまた、おめでとうございます」

「ありがとうございます。いい機会を貰えて、感謝します」

「いえ、そんな。こちらこそ本当に、ありがとうございました――」


「墓前の母も、喜ぶと思います」

「……えっ、何です？」

「自殺した母です。五年前に」

「……えっ？」

「えっ？　もしかして、妹から聞いてませんか。僕と無理心中しようとして、自分だけ。だから今、うちは――部屋のドアじゃなくて、玄関に御札を貼ってるんです」

たぬきのはなし

白石家は、三つの山を持っている。

先祖代々受け継いできた、実り豊かな山々である。

春には筍、夏には山菜。秋になるとアケビが採れるので、そのうち一つを地元の人々に開放して、自由に収穫してもらっているという。

シーズンになると毎日のように、山に入った誰かしらが、玄関におすそ分けを置いていってくれる。おかげで白石家も季節の喜びを感じることができる。

――が、そんな古き良き田舎の山にも、一つだけ悩みがあった。

密猟である。

禁猟区の私有地に、無断で鉄砲を持って入ってくるなど、どう考えても物騒極まりない話だが、この手の犯罪はなかなか根絶できない。

山の管理者である当主の白石氏は、早くに父親を亡くしていたので、困難ではあるが一人で警戒して回らなければならなかった。

鉄砲を担いで、イノシシやシカ、野鳥などを狙うハンター。

何より一番困るのが、罠を置いてゆく連中。

山菜取りに入った人が、勝手に設置された〈くくり罠〉で怪我をしては困る。

白石氏は定期的に、山を登って見回らざるを得なかった。


今から二十年も前の、ある初冬の頃。

彼がいつものように山道をパトロールしていると、木の幹に、どうやら密猟者が入ったと思われる形跡を発見した。

やれやれまたか、と思いながら山の斜面に入っていくと、その先でガサガサと枯葉を荒らす音がする。

「…………」

白石氏は思わず息を殺した。動物が罠に掛かっている。

罠に掛かったイノシシの類などは非常に危険で、迂闊に近づけば死傷事故に繋がるケースすらある。じりじりと回り込むようにして近づき、その姿を確認すると――。

死に物狂いで暴れている、少し肥えたタヌキがいた。

右前脚の付け根にはワイヤーの輪が食い込み、血が飛び散っている。

それを噛み切ろうとして怪我をしたのか、口元まで血だらけだ。

「なんてこった、可哀想に……」

人間の姿を見て更にパニックになったタヌキは泡を吹き、既に脱臼している脚を引き千切らんばかりにしゃくって、そこから逃げようとする。

待て待て、待て！　と白石氏はポケットから工具を取り出す。

上着を脱ぎ、パッと広げてタヌキを抱え込んだ。

「今外してやるから、我慢せぇ。我慢せぇ、ちょっとだけの辛抱だ……」

羽交い絞めにして、何度も何度も頭をさすってやると、タヌキはガタガタ震えながらも動きが鈍くなった。

白石氏はゆっくりとクリッパーを近づけていき、パチン、と罠を切断した。

タヌキは「へにょ太」と名づけられ、白石家で保護されることになった。

この奇妙な名前は白石氏の奥さんが決めたもので、耳がへにょりと垂れていることから付けられたという。

とんだ災難に精根尽き果てていたものか、へにょ太は大人しく人間達の世話になり、じわじわとその傷を癒していった。よく眠るタヌキだった。

丁度冬場で、活動が鈍くなる時期であったのも幸いしたのかもしれない。春が来る頃には脚もだいぶ良くなり、庭やら家の中やらを走り回れる程に回復したそうである。

犬用の玩具を与えてやれば、それをひとしきり嗅いだり齧り回したりしてから、どこかへ持って行く。かと思うと、どこからともなく何の変哲もない、ただの木の棒を持ち帰ったりもする。

愛嬌のある顔で、まるで飼い犬のようにこちらを見上げるへにょ太を見ていると、白石氏夫婦の顔も自然とほころんで、胸の芯が温まるような心持ちになった。

白石氏夫婦はなかなか子宝に恵まれず、苦しい思いをしていたこともあって、運命的に出会ったとも言えるへにょ太の存在は、すぐに掛け替えのないものとなっていった。

だが――これは、野生の動物だ。

あまり人間が面倒を見ていると、人里の匂いが染みついてしまう。

いつかは山に帰るもの、という点だけは忘れないように心掛けねば——。

現にふらりと姿が見えなくなることもある。

二人で庭や納屋、畑などを回って「へにょ太、へにょ太!」と呼んでも出てこない。

嗚呼、まさかと思いながらうつむいて玄関に帰ると、山に入った人々がおすそ分けに置いていってくれた野菜などと一緒に、スズメの死骸が置いてある。

奥さんは小さく悲鳴を上げる。

慌てて家の中に入ると、へにょ太は、炬燵で丸くなって寝ている。

「……なんだ、いたのか。そうか」

へにょ太の笑っているような寝顔を見つめながら、白石氏夫婦は安堵と同時に、いつか来るであろう別れも覚悟せざるを得なかった。

※

翌年、東京に住んでいた白石氏の妹さんが第一子を授かり、赤ん坊を抱いて久しぶりに帰郷した。とても可愛い女の子で、まん丸な頬は赤く染まり、初めて会う叔父にもにっかりと笑ってくれた。

「アイちゃん、おじさんだよ。おじさんって言ってごらん、アイちゃん」

「やだ兄さん、喋れる訳ないでしょ。何言ってんのよ」

「あ、そうか。ハハハ！　いやぁ、しかし可愛い子だなぁ」

——そこへ、トコトコトコ、と顔を見せるタヌキ。

奥さんが気を使って、少し離れたところへ連れて行き、抱き上げた。

「……ほら、へにょ太も御覧。赤ちゃんだよ。可愛いねぇ」

わかっているのかいないのか。へにょ太はフンスフンスと鼻を鳴らしてから——キャッキャ、と、まるで笑うように鳴いた。

それを見て、赤ん坊も「キャッキャ」と笑い返す。

「あらあら、凄い……！　アイちゃんが大きくなったときに、まだへにょ太がこの家にいたら、撫でてもらおうね。楽しみだねぇ」

「人懐っこいタヌキだからな、きっと仲良しになるよ。楽しみだなぁ、ハハハハ」

しかし——。

その年の冬、へにょ太はいつものようにふらりと出て行ったきり、戻って来なくなった。

彼が去ったとわかったときの白石氏夫婦の喪失感は、最早、虚無感に近いものがあった。

いくら覚悟をしていたと言っても、実際にそれが起きると訳が違う。

妹夫婦の愛娘を見た後であり、その寂しさは尚更のこと。

「山のものは山の神様のものだから、全て、山にお返ししなければならない」というのは、亡き父の言葉である。

わかってはいる。

わかってはいるけれど、あいつはもう、我が子も同然だったんだ——。

白石氏は、毎日山を見上げては白い息をついた。

奥さんは何日泣き明かしただろう。

白石家はその年、いつもよりひと際寒い冬を過ごした。

※

時は流れ、四年後。

妹一家が正月に、久々の里帰りで戻ってきた。

アイちゃんはもう五歳になっており、一人前にちょこまかと動いたり、よく食べよく笑う子に成長していた。

「本当に、あっという間に育つもんだな……。伯父さんのこと、覚えてるかい？」

「やだ兄さん、一歳のときの記憶なんてある訳ないじゃない。何言っててんのよ」

「ハハハ、それもそうか……」

だが、アイちゃんは白石氏にべったりと懐いて傍から離れようとしない。

おまけに夜が更けてくると、「一緒に寝る！」とまで言い出した。

始めは笑って流していたが、どうやら本気だとわかり、大人達はいささか困惑した。

「……普段は、こんなわがままを言う子じゃないんだけど。どうしたのかしら」

「いいよいいよ……、それじゃあ伯父さん達と一緒に寝よう。怖くなってきたら、ママ達の部屋に連れて行ってあげるから」

白石氏夫婦は自室にアイちゃんを連れて行き、川の字になって就寝することになった。

暖房が回り、部屋は優しい暖かさに包まれる。

アイちゃんが怖くないようにと、電灯の豆球は点けたまま。

やがてうつらうつらとまどろみ始めた頃、隣の布団でアイちゃんが眠そうにフーッと息を吐いてから、「……アイ、このお部屋知ってるんだよ」と言った。

「そうかい。じゃあ、本当に一歳のときのことを覚えてるのかな――」

「ううん。アイのお友達がね、おじちゃんとお友達でね、アイに一杯教えてくれたから、知ってるの」

「そうかい。それは、どんなお友達なんだい」

「えっとねぇ、お名前、何だっけ――あのねぇ、でもね、おじちゃんが優しくしてくれたから、おじちゃんのこと大好きなんだって……。寂しくなかったんだって！　だから、アイもおじちゃんのことが好きなの！」

奥の布団で、奥さんが身体を起こすのがわかった。

白石氏は小さく息を呑んでから、横を向いて、姪っ子を見つめる。

「……そのお友達のお名前、思い出せるかい？」

「……わかんない。でも、ずーっと夜になるとお話してるの。だからアイ、おじちゃん達のこと、よく知ってるでしょ？　ガジガジしてたおもちゃのことも、あったかい炬燵のことも、凄く好きだったんだよって言ってごらん、って」

熱い滝のような涙があふれ出すのを、白石氏は止められなかった。

奥さんも嗚咽を必死に堪えている。

するとアイちゃんはくるりと反対を向き、奥さんのお腹に手を当てた。

「その子がね、もう大丈夫だよって。よかったね〜、って……」

小さな手がパジャマ越しに、おそるおそる、お腹を撫でる。

——途端に、奥さんは声を上げて泣き出した。


アイちゃんが寝息を立て始めたあとも、白石氏夫婦はずっと眠れなかった。

そしてそのまま朝になり、奥さんが白石氏に、体外受精が成功していたことを伝えた。

この正月会が終わってから話そうと思っていた、と。

元々子宮系の病に不妊の原因があったが、ここ数年で徐々に調子が良くなり、ようやく結果が出た。しかし当然不安要素もあり、流産する可能性もあるので、あなたをぬか喜びさせたくなかったのだ、と。

白石氏は再び号泣した。

※

この話をしてくれたのは、今や立派に成人したアイちゃんである。

白石氏は昨年、肝臓癌で亡くなった。その通夜の席で、このようなことがあったと聞かされたのだが、生憎彼女自身は何ひとつ記憶にないらしい。

でも、確かにあなたはそう言ったのよ、と——白石氏の奥さんは語った。

現在、白石家の山は奥さんと、白石氏の妹さんが共同で管理している。

へにょ太がいた場所には小さな祠が建てられ、一本の櫛《くし》が祀られているという。

それは白石氏が愛用していた、へにょ太専用の櫛である。

あとがき

「超」怖い話とは何か。他の怪談と何がどう違うのか——。

毎月怪談本が出るこのご時世に、超怖がどう特別なのかピンと来ない方もおられるでしょう。特別だと肯首の上で、その重責の一端を僕のような者が担っていることを疑問に思われる方もおられるでしょう。

十数年前、松村・原田両先生とお会いして、怪談観のようなものを語り合ったことがその発端です。新しい怪談とは何か、どうあるべきか——いやそんな仰々しいトーンではなかったけれど、語り合って、合意して、あれは誓いになりました。

時は流れ、先日ふと思い立ち、三月も後半の徳島で仁義を切って参りました。松村先生のネコ達にであります。半蔵に挨拶し、『丹吉』の舞台となった弁天山などを案内して頂いた後は、大歩危の妖怪古道へ。徳島は大変すばらしいところで、目的もなく年二くらいで行きたいです。

ともあれそれでようやく本書に取り組み、丁から癸まで走り切ることができました。心を折らず最後まで勤められたのはまず読者の皆様、竹書房の皆様のおかげであり、感謝の念が尽きることはありません。

思えばそれもこれも松村先生のご尽力、原田先生の底力、そして愛する家族の支えあってこそ。

僕ら執筆陣にとって、超怖は特別な存在です。それをいかに残すか・どう変えるか——ここは常に大きな課題で、僕にできることは小さく、未だ答えは出ません。しかしながら十数年前の誓いを最後まで貫いたことだけは、自分を褒めてあげてもよいのではないかと思います。

僕にとっては最後の「超」怖い話になるとしても、誰かにとっては最初の「超」怖い話かもしれない。

本書を読まれた方がもし過去・未来へ向かって次の本を追ってくださるなら、それは「超」怖い話の骨の一本となったこの身に余る栄誉であります。

深澤 夜

少し前に深澤が徳島まで遊びに来てくれたので、地元を案内した。

いや、案内した、と言えるほど色々連れて行けてはいない。精々が「日本一低い山」と呼ばれている珍スポットを見せつけたり、江戸時代に化け狸達が殺し合いをしたと伝わる古戦場跡（何の変哲もない河川敷）を通ったりしただけである。

水曜日ということもあって喫煙可の喫茶店がまるで見つからなかったので、結局は私の家のリビングに差し向かいで座り、だらだらと雑談をした。

半蔵がその足元まで行き、彼の匂いを嗅いで、おざなりな挨拶をしていた。


深澤は冬の「超」怖い話の共著者でもある。夏と冬、両方で書き続けるのはさぞや大変だったろう。おまけに私がもう、怪談を書くことに疲れ切ってしまっているから、この夏の本でも毎年、少しだけ多めに書いてもらってきた。

本当に助けられました、どうもありがとう。ごめんね。

竹書房の担当O女史には、これ以上ないくらいのご迷惑をお掛けし続ける十年間だった。これまでたった一度たりとも、〆切を守ることができなかった。悪びれて言っているのではない。あんまりと言えばあんまりな、本当に申し訳ないことだったと思って、自らの愚行を忘れないためにここに書いている。衷心より、お詫び申し上げます。


以上をもって「十干シリーズ」は、お仕舞いとなる。

まだO女史には伝えていないのだが、正直な話、私もそろそろ潮時なのではないかという気がしなくもない。少なくともこれまでと同じ分量を書き続けることは困難だと思う。明らかに、気力と体力の限界が来ている。

でも決して、歴史ある「超」怖い話の終焉という訳ではないから、その点だけはご安心頂きたい。ずっとご愛読頂いている読者の皆さんと同様に、私も、この本が大好きだ。

明日は明日の風が吹くだろう。

では、また。

松

著者別執筆作品一覧

松村進吉

ご挨拶
プライバシーの侵害
懐かしい家
体育館
玉転がし
ゴミの霊
怪談噺　まえ半分
怪談噺　うら半分
たぬきのはなし

深澤夜

断崖
帰路
夕焼けに立つ
建前
シェアハウス
闇バイト
ノート
後輩の相談
無い内定
峠ミッドナイト
川原
重要事項説明／飲用水の供給状況
重要事項説明／近隣住民に関する容認事項

★読者アンケートのお願い

本書のご感想をお寄せください。アンケートをお寄せいただきました方から抽選で10名様に図書カードを差し上げます。

（締切：2023年8月31日まで）

応募フォームはこちら

「超」怖い話 癸

2023年8月7日　初版第一刷発行

編著……………………………………………………………松村進吉
共著……………………………………………………………深澤 夜
カバーデザイン…………………………………………橋元浩明（sowhat.Inc）

発行人…………………………………………………………後藤明信
発行所…………………………………………………株式会社　竹書房
〒102-0075　東京都千代田区三番町8-1　三番町東急ビル6F
email: info@takeshobo.co.jp
http://www.takeshobo.co.jp
印刷・製本…………………………………………中央精版印刷株式会社